服务业案例精选丛书

案例解读
《旅游法》

李娌 编著

旅游教育出版社
·北京·

策　　划：赖春梅　陈　园
责任编辑：巨瑛梅

图书在版编目（CIP）数据

案例解读《旅游法》/李娌编著. --北京：旅游教育出版社，2014.1

（服务业案例精选丛书）

ISBN 978-7-5637-2854-1

Ⅰ.①案… Ⅱ.①李… Ⅲ.①旅游法—案例—汇编—中国 Ⅳ.①D922.296.5

中国版本图书馆CIP数据核字（2013）第295371号

服务业案例精选丛书

案例解读《旅游法》

李　娌　编著

出版单位	旅游教育出版社
地　　址	北京市朝阳区定福庄南里1号
邮　　编	100024
发行电话	(010) 65778403　65728372　65767462（传真）
本社网址	www.tepcb.com
E-mail	tepfx@163.com
印刷单位	北京中科印刷有限公司
经销单位	新华书店
开　　本	710毫米×1000毫米　1/16
印　　张	15.5
字　　数	169千字
版　　次	2014年1月第1版
印　　次	2014年1月第1次印刷
定　　价	32.00元

（图书如有装订差错请与发行部联系）

前　言

我国旅游业近年来发展迅速，但旅游市场不正当竞争、损害旅游者和经营者合法权益的现象较为突出。旅游行业迫切需要制定旅游法，以明确一些基本法律规范和旅游合同的特殊规定，建立和改进旅游与相关行业管理的协调机制。

2013年4月25日，第十二届全国人大常委会第二次会议正式通过《中华人民共和国旅游法》，并从2013年10月1日起正式施行。

《旅游法》采用综合性立法模式，以保护旅游者合法权益为立法宗旨，实现了旅游规划入法，同时立法整治旅游行业痼疾，具有鲜明的特点，即体现出以人为本、强化政府服务职能、整合旅游产业各要素、依法治旅，使我国旅游业进入全面有法可依的新时代，对促进我国旅游业全面协调可持续发展意义重大。其内容除总则、法律责任和附则外，分别对旅游者、旅游规划和促进、旅游经营、旅游服务合同、旅游安全、旅游监督管理、旅游纠纷的处理等内容作了规定。

这本《案例解读〈旅游法〉》释义式读本，是对《旅游法》相关内容的深度解读。本书选取旅游行业中具有典型性、较为频发、反响争议较大的年度热点案例，紧扣条款，结合《旅游法》予以解读剖析。案例内容以 2013 年 10 月 1 日《旅游法》实施之日为分界线，过往案例，指明《旅游法》实施前后处理的区别；新近发生的案例，紧扣法条释义详解。

  本书是《旅游法》的配套读本，可以作为一线旅游从业者、旅游院校学生及导游年审等旅游行业学习和参考用书。

  在写作过程中，得到了全国多个省、市旅游质量监督部门、旅游局及旅行社的大力支持，在此表示诚挚的谢意！本书在收集和整理案例的过程中，参考了网络及相关报刊的信息，恕不能一一罗列，一并在此向原出处作者表示敬意和感谢！最后，感谢旅游教育出版社的大力支持。

  诚恳希望旅游业的前辈、专家及读者多提意见，以进一步完善该读本。作为旅游行业的一名从业者，我深信，在全社会的积极推动和参与下，我国旅游业一定会迎来更加灿烂的明天！

李娌于怡景园

2013 年 12 月

目 录

第一部分　以人为本　回归本源

001　三个效益要结合 …………………………………………… 2
002　大力发展旅游职业教育 …………………………………… 3
003　购物店的"前世"和"今生" …………………………… 5
004　海口成立导游协会 ………………………………………… 8
005　"五朵金花"维权记 ……………………………………… 10
006　猝死的国手 ………………………………………………… 12
007　残疾人出游有点儿难 ……………………………………… 14
008　"优惠"一年等一回 ……………………………………… 15

第二部分　文明旅游　健康发展

009　文明出行（一）约束自己的行为 ………………………… 18
010　文明出行（二）乘飞机时请注意文明形象 …………… 19
011　文明出行（三）多照"镜子" ………………………… 21
012　文明出行（四）中国公民出境旅游常见不文明行为 ……… 23

013 文明出行（五）随手垃圾换矿泉水……………………… 25
014 文明出行（六）值得推广的创意……………………… 27
015 导游员的权利得到了保护……………………………… 29
016 拒绝登车的游客………………………………………… 31
017 拒绝登机的客人………………………………………… 33
018 豪华游轮上的不归客…………………………………… 34
019 合理利用和匹配资源…………………………………… 37
020 进入"无障碍"旅游区域合作时代…………………… 39
021 美丽中国之旅…………………………………………… 41
022 杭州——幸福的"智慧之城"………………………… 43
023 请游客心中有礼………………………………………… 46
024 于细微处打造文明之旅………………………………… 48
025 以实际行动践行《旅游法》…………………………… 50

第三部分 规范经营 行业自律

026 中青旅的新生命………………………………………… 54
027 赴台游须提防"商务考察"陷阱……………………… 55
028 疯狂的海盗船…………………………………………… 57
029 揭开虚伪的面纱………………………………………… 59
030 州长建议停止"休闲游"……………………………… 61
031 舌尖上的"困惑"……………………………………… 63
032 当旅行遭遇购物时……………………………………… 64
033 规范"一日游"市场秩序……………………………… 66
034 领队说"不"…………………………………………… 69

035 "难忘"的蜜月旅行 …………………………………… 72
036 "无证"将"无路" …………………………………… 73
037 敢问路在何方 ……………………………………… 75
038 没有被"委派"的导游 ……………………………… 76
039 不情愿交的小费 …………………………………… 78
040 人在囧途 …………………………………………… 80
041 持刀威胁谩骂游客的"黑导游" …………………… 82
042 救游客遇难的筏工 ………………………………… 83
043 想说"爱你"不容易 ………………………………… 88

第四部分 平安景区 承载有度

044 打往物价局的投诉电话 …………………………… 92
045 标准化景区的烦恼 ………………………………… 94
046 当景区人满为患时 ………………………………… 96
047 门票网络销售红火 ………………………………… 98
048 限承载量化解"景区超载" ………………………… 101

第五部分 企业经营 诚信至上

049 胡同深处"奥运人家" ……………………………… 104
050 莫让"探险游"成"冒险游" ………………………… 106
051 精美的网页竟是噩梦的开始 ……………………… 108
052 打造"平安之家" …………………………………… 110
053 "星"不见了 ………………………………………… 111

054 一张纸引发的"地震" ……………………………… 113
055 我的"隐私"没有了 ……………………………… 114
056 只因身在"景区"中 ……………………………… 116
057 黄山加强景区业户管理 …………………………… 118

第六部分 详签合同 保障权益

058 "内部价"原来是陷阱 …………………………… 122
059 "有趣"的投诉 …………………………………… 123
060 谁动了我的行程 …………………………………… 126
061 你了解保险吗 ……………………………………… 127
062 防不胜防 …………………………………………… 129
063 绷紧安全这根"弦" ……………………………… 131
064 一份退休礼物 ……………………………………… 133
065 被告上法庭的旅行社 ……………………………… 135
066 我的旅游"被"做主 ……………………………… 137
067 奖励旅游因病告吹 ………………………………… 138
068 一场森林大火 ……………………………………… 140
069 台风吹跑了我的行程 ……………………………… 142
070 全额退款惹争议 …………………………………… 144
071 豪华游轮禁航后 …………………………………… 147
072 领队,请带我们回家 ……………………………… 149
073 随意更改的行程 …………………………………… 151
074 "小包价"游的烦恼 ……………………………… 153
075 "中国式"过马路导致的意外 …………………… 155

076　旅游索赔上法庭 …………………………………………158

077　不回家的游客 ……………………………………………160

078　细心的导游 ………………………………………………162

079　过期的身份证 ……………………………………………164

080　不合理的旅程 ……………………………………………167

081　被激怒的作家 ……………………………………………169

第七部分　旅游安全　反应迅速

082　赴埃及旅游注意安全 ……………………………………172

083　旅游突发事件应急预案的重要性 ………………………174

084　惨祸发生后的 36 个小时 ………………………………176

085　水上应急救援演练 ………………………………………179

086　当法律条款解释不一致时 ………………………………181

087　游客在巴黎被抢劫 ………………………………………182

088　塞班岛客机失事 …………………………………………185

089　境外旅游遇火灾 …………………………………………186

090　因心脏病猝死的青年 ……………………………………188

091　重大交通事故的背后 ……………………………………190

092　瞬间失去的生命 …………………………………………192

第八部分　监督执法　公平公开

093　旅游质量监督所检查旅游市场 …………………………196

094　联合执法显成效 …………………………………………198

095　一则因拒绝检查的通报……………………………………200
096　《旅游法》实施后的首张罚单……………………………202
097　行业自律变了"味道"………………………………………204
098　擅自上涨门票价格的景区…………………………………206
099　向社会发布的处罚公告……………………………………207
100　国外旅游法一览……………………………………………209

附录一　中华人民共和国旅游法………………………………211
附录二　全面提高依法兴旅和依法治旅的水平………………231

参考文献……………………………………………………………238

第一部分
以人为本　回归本源

001 三个效益要结合

案例

近些年，一大批优秀的电影作品深入人心，成为老百姓家喻户晓的佳作。同时，这些电影让旅游目的地城市也因此而"一夜成名"。例如，冯小刚导演的电影《非诚勿扰》，不仅让杭州西溪湿地走进人们的视野，也提升了日本北海道的声誉，以至于2009年，时任日本首相麻生太郎访华时专门约见了冯小刚；徐峥所拍摄的《泰囧》，让泰国成为2012—2013年度中国最火爆的旅游目的地国家。

然而，电影作品在带来良好的社会效益的同时，也对当地的生态环境产生了消极的影响。例如，2009年4月，新版《三国演义》剧组在浙江永康市杨溪水库库区拍摄时，造成当地近30万人的饮水水源受到污染，引起舆论的激烈批评。

旅游景区打造知名度，提升社会效益并带动经济效益的发展时，千万不能忘记还生态环境原本的"自然"。

条款

第四条　旅游业发展应当遵循社会效益、经济效益和生态效益相统一的原则。国家鼓励各类市场主体在有效保护旅游资源的前提下，依法合理利用旅游资源。利用公共资源建设的游览场所应当体现公益性质。

解读

国家旅游局邵琪伟局长在 2013 年全国旅游工作会议上说，2012 年，在严峻的国际经济形势和国内经济下行压力加大的影响下，中国旅游行业坚持主题主线，稳中求进，为扩大内需作出新贡献，推动发展方式转变取得新进步。预计 2012 年中国旅游业总收入约 2.57 万亿元，同比增长 14%。其中国内旅游约 29 亿人次，增长 10%；国内旅游收入约 2.22 万亿元，增长 15%。

旅游业对社会效益、生态效益的综合带动作用也十分明显，旅游业不仅提升了就业的机会，也促进了城乡统筹发展。如带动了农家乐、乡村旅游的快速发展；促进了先进文化传播；促进了生态文明建设；搭建起对外交流的平台，促进与其他国家的政治互信与经济共赢。

旅游业的发展应当遵循社会效益、经济效益和生态效益相统一的原则。将环境保护设施和生态保护措施作为景区开放的前提条件，利用公共资源建设的娱乐和休闲场所要更多考虑到社会效益，将旅游业发展成为造福于民的产业。

002 大力发展旅游职业教育

案例

旨在推动中国旅游院校之间的合作，打造中国旅游高等职业教育的"常青藤联盟"，由中国旅游教育界的 5 所职业院校——南京旅游职业学院、山东旅游职业学院、浙江旅游职业学院、桂林旅游高等专科学校、上海旅游高等专科学校组成，这5所旅游院校成立"中国旅游院校五星联盟"（China Union of Five Tourism Institutes，简称CTI 5），并签署了合作协议。"中国旅游院校五星联盟"是在全球高校教育资源整合潮流背景之下成立的，开创了我国旅游职业教育高校联合的先例。

根据协议，五星联盟坚持"面向世界、面向未来、优势共享、整体崛起"的目标和原则，将在学生互派、教师交流、科研合作、图文信息共享等方面加强合作，同时建立校长级战略合作机制，并根据形势发展需要，将合作进一步推向深入。联盟的长远目标是创造世界旅游教育的中国品牌。

条款

第二十七条 国家鼓励和支持发展旅游职业教育和培训，提高旅游从业人员素质。

解读

目前，我国已经有1700多所旅游院校（系）从事旅游职业教育和人才培训。《国务院关于加快发展旅游业的意见》第十六条提出"加强旅游从业人员素质建设。整合旅游教育资源，加强学科建设，优化专业设置，深化专业教学改革，大力发展旅游职业教育，提高旅游教育水平。建立和完善旅游职业资格和职称制度，健全职业技能鉴定体系，培育职业经理人市场。抓紧改革完善导游等级制度，提高导游人员专业素质和能力，鼓励专业技术人员特别是离退休老专家、老教师从事导游工作。实施全国旅游培训计划，加强对红色旅游、乡村旅游和文化遗产旅游从业人员培训，五年内完成对旅游企业全部中高管理人员和导游人员的分级分类培训。"

由此可见，旅游行业大发展，人才储备和培养是关键。只有办好旅游职业教育，加强岗前和岗后培训，扩大人才队伍，旅游业才能越来越好。

003 购物店的"前世"和"今生"

案例

　　旅游团指定的购物店里人头攒动,一辆辆载满游客的大巴车停在购物店的门口,几乎所有的游客都大包小包地回到旅游车上;由于购买的物品太多,热情的商家还提供物流托运服务,将购买的土特产品快递回家。这一场景在《旅游法》颁布前,多数游客都曾经经历过。当然,购买的"特色纪念品"质量如何,价格高低似乎已经无法追究了。

　　由于市场不规范,一些零负团费的旅游线路,游客常常要被带进很多指定购物店,而这些购物店,很多是除了游客外,少有其他顾客光顾的。虽然没有人强制游客购物,但每位游客却必须在店内停留一定时间,然后购物店按照游客的人数支付给旅行社一定的人头费,导游员、司机在购物中提留佣金。

　　《旅游法》的实行,就会使得大批定点购物店遭到严重冲击,只靠团队游客挣钱的购物店注定将迎来寒冬,甚至将无法生存。我国香港、台湾等地一些只面向内地团队游客的购物店有的已提前闭店了。"经营成本太高了,大的购物店在香港寸土寸金的地段租赁了好几层楼,房租和促销员、营业员、保安各种人力成本,一天就要几十万;如果没有大批游客进店,它们很难维持。"我国香港、台湾的一些店家都在观望,如何应对《旅游法》带来的冲击,是许多店家必须考虑的问题;如果没有"其他办法"吸引大批游客进店,它们也将关门另辟蹊径。

条款

第六条 旅游经营者应当诚信经营，公平竞争，承担社会责任，为旅游者提供安全、健康、卫生、方便的旅游服务。

第五十条 旅游经营者应当保证其提供的商品和服务符合保障人身、财产安全的要求。

第一百零四条 旅游经营者违反本法规定，给予或者收受贿赂的，由工商行政管理部门依照有关法律、法规的规定处罚；情节严重的，并由旅游主管部门吊销旅行社业务经营许可证。

解读

目前，旅游购物场所、自费项目经营者和旅行社、导游、领队之间给予和收受回扣等不正当利益的问题，比较突出；同时，旅游购物场所、自费项目经营者虚假宣传、销售不合格商品的情况，也时有发生。这些做法是助长"零负团费"问题、造成"零负团费"经营模式难以根除的原因之一。市场经济是法治经济，诚信为本。在各行各业从事经营行为，守法诚信经营都是基本要求。旅游购物场所和自费项目经营者，均属于《旅游法》第一百一十一条所指的"旅游经营者"。不仅《旅游法》对旅游经营者的行为规范有直接的规定，《消费者权益保护法》、《产品质量法》、《反不正当竞争法》等有关法律法规，对这两类旅游经营者也同样适用。

对于销售不合格商品问题：《旅游法》与《消费者权益保护法》第四条规定的"经营者与消费者进行交易，应当遵循自愿、平等、公平、诚实信用的原则"，是一致的。《产品质量法》第三十九条也明确规定："销售者销售产品，不得掺杂、掺假，不得以假充真、以次充好，不得以不合格产品冒充合格产品。"

消费者在旅游消费中同样享有《消费者权益保护法》规定的九项权利，

相关的经营者应当严格履行《消费者权益保护法》、《产品质量法》和《旅游法》规定的义务，保证其提供的商品或者服务符合保障人身、财产安全的要求；保证在正常使用商品或者接受服务的情况下，其提供的商品或者服务应当具有的质量、性能、用途和有效期限；提供符合《产品质量法》和相关标准要求的商品；按照国家规定或者与消费者的约定，承担包修、包换、包退或者其他责任等。

对于旅游购物场所的经营者销售假冒伪劣和不合格商品的，工商部门将依据《消费者权益保护法》、《产品质量法》、《旅游法》等法律法规的规定严厉查处，并积极配合旅游主管部门加强对相关旅游经营者的教育引导和行业规范，切实营造良好的旅游环境，促进扩大旅游消费需求。

对于虚假宣传问题：《消费者权益保护法》第八条、第十九条明确规定，消费者享有知悉其购买、使用的商品或者接受的服务的真实情况的权利；经营者应当向消费者提供有关商品或者服务的真实信息，不得作引人误解的虚假宣传。《反不正当竞争法》第九条明确规定，经营者不得利用广告或者其他方法，对商品的质量、制作成分、性能、用途、生产者、有效期限、产地等作引人误解的虚假宣传。《广告法》也明确规定，广告不得含有虚假的内容，不得欺骗和误导消费者。所以，对于旅游购物场所和自费项目经营者在经营活动中，对所提供的商品和服务作引人误解的虚假宣传的，工商部门将依法予以查处。

旅游经营者通过回扣等方式给予或收受贿赂，排斥了其他竞争对手，扰乱了旅游市场的公平竞争秩序，属于工商机关依照《反不正当竞争法》所监管的内容。《反不正当竞争法》第八条规定："经营者不得采用财物或者其他手段进行贿赂以销售或者购买商品。在账外暗中给予对方单位或者个人回扣的，以行贿论处；对方单位或者个人在账外暗中收受回扣的，以受贿论处。"因此，当旅游购物场所、自费项目经营者等采用财物或者其他手段进行贿赂，符合《反不正当竞争法》第八条规定的，工商机关将依法严厉查处，维护旅游消费者的合法权益和公平竞争的旅游市场秩序。营造公平竞争的旅游市场环境，切实保护消费者合法权益，促进旅游业健康有序发展。

004 海口成立导游协会

案例

海口市导游协会于2013年9月17日在海口揭牌成立，这是海南省首家导游协会。据了解，目前海南省共有导游员约1.3万名，其中海口市注册登记管理的导游近5000名，约占全省导游员总数的40%。

在成立大会上，海口市导游协会首届会长杜思思表示，导游员在旅游业中的地位越来越重要，导游员已成为旅游业中最有代表性的从业人员。长期以来，导游属于比较自由的职业，导游员之间联系和沟通相对较为松散，迫切需要一个实现导游员之间相互交流、保障自身权益、传达导游群体各种意见呼声的社团组织。

海口市旅游发展委员会负责人表示，导游协会是导游员会员自己的家，协会要为导游员服务，维护导游员的正当权益，做导游员的贴心人。同时，还要引导导游人员加强自律、自尊、自爱，落实《导游诚信公约》，坚持"游客第一、质量第一"的服务宗旨，爱岗敬业，刻苦钻研业务，努力做海口旅游的宣传者、文明旅游的倡导者、诚信自律的维护者。

条款

第八条 依法成立的旅游行业组织，实行自律管理。

解读

行业组织，是依法成立，为实现会员共同意愿，按照法律及其章程开展活动的非营利性社会组织。充分发挥旅游行业组织的桥梁、纽带和服务、管理作用，是转变政府职能、提高旅游服务质量和水平、促进旅游业持续健康发展的必然要求。

本法按照旅游业的市场特征和进一步培育市场主体的要求，鼓励发展旅游行业组织，确定其地位，明确其职能，充分发挥其在加强行业管理、促进旅游业发展方面的重要作用。各级人民政府和旅游部门应当积极引导旅游行业组织开展自律管理，探索旅游行业组织改革，特别是按照本法的规定，在实践的基础上，积极探索成立导游协会，切实承担起行业自律管理的职能。

现今境外的导游管理中，协会在行业自律、规范等方面起到的作用，不断地加强。面对竞争日益激烈的旅游市场，营利性的市场主体（旅行社、导游服务公司、导游中介公司）因其以谋利为主，在管理导游队伍时，无法保障导游的社会福利等，也不利于导游资源的共享。而由政府做一个直接管理主体，公权介入过深，也易过度压抑导游职业的灵活性。所以非营利性质的行业协会，较为适宜作为导游的直接管理主体，从而避免上述弊端，促进旅游产业的良性发展。

005 "五朵金花"维权记

案例

某老年大学模特队的"五朵金花"——老姐妹,一起到旅行社报名参加了"夕阳最美"张家界——桂林专列9日游。大家好不容易争取到5张下铺,并且以每人2580元的价格与旅行社签订了合同,只待出发。

出团前两天,该团的全程陪同导游给王阿姨(代表)打了个电话。除了一些温馨提醒外,导游的一句"当地天气炎热,火车卧铺通风不好,最好带把扇子",让王阿姨大吃一惊。经询问才得知,该专列是非空调车。王阿姨马上召集其余四位姐妹,大家纷纷表示,车上没有空调可不行,因为大家年龄大、天气热、有高血压病史。于是,五个老姐妹找到了旅行社,要求旅行社退还全款。

当初接待五位阿姨的前台接待人员回复她们:从最初咨询到合同签订,大家一直在研究的就是铺位和价格,对行程的内容没有过任何的质疑和疑问,这份行程上写得非常清楚,餐食、住宿、交通等细节都白纸黑字地注明了。合同中虽然没有体现出"非空调卧铺"字样,但在合同的一部分,即"旅游行程"中标注得非常清晰。五位阿姨拿出自己当时确认签字的行程一看,的确在最下面有一行不是很大的字,写明了交通是"非空调卧铺"。那么,前台接待人员没有把旅游团所有真实情况一一表述清楚有责任没有?阿姨们没有仔细阅读便签字认同,五位阿姨能不能顺利退团呢?

条款

第九条 旅游者有权自主选择旅游产品和服务，有权拒绝旅游经营者的强制交易行为。旅游者有权知悉其购买的旅游产品和服务的真实情况。旅游者有权要求旅游经营者按照约定提供产品和服务。

解读

《旅游法》规定，旅游者有权知悉其购买的旅游产品和服务的真实情况。即旅游者有权就包价旅游合同中的行程安排、成团最低人数、服务项目的具体内容和标准、自由活动时间安排、旅行社责任减免信息，以及旅游者应当注意的旅游目的地相关法律、法规和风俗习惯、宗教禁忌，依照中国法律不宜参加的活动等内容，要求旅行社作详细说明，并有权要求旅行社在旅游行程开始前提供旅游行程单。

本例中，旅行社未能将所乘坐的交通工具的具体标准口头告知游客，导致游客以常理作出了乘坐的交通工具是"火车空调硬卧"的判断，而报名参加该团并同旅行社签订了旅游合同。所以，在本案中，旅行社因未尽到自身提醒义务，应承担相应的违约责任。

但是，游客应承担的责任是什么呢？《合同法》第八条规定，依法成立的合同，对当事人具有法律的约束力。当事人应当按照约定履行自己的义务，不得擅自变更或者解除合同。依法成立的合同，受法律保护。

五位阿姨依法与旅行社签订了合同，就应当履行自己的义务，显然，在本案中，游客方并未履行双方约定的应履行的义务。综上所述，游客应承担一部分违约责任，支付相应的违约金。同时，也提示旅行社要将旅游行程中的具体情况、标准如实地提醒、告知游客，不要有"怕麻烦、认为游客会自己回去看行程单"的心理，杜绝发生类似事件。

006 猝死的国手

案例

2010年5月下旬，湖南前乒乓球国手陈佑铭与家人参加了湖南A旅行社组织的香港游，香港地接社B旅行社安排郑某某为该团导游。因陈佑铭不愿意待在购物店中，多次走出店外，被香港导游郑某某出言指骂并阻止他离开店铺，双方为此发生争执。陈佑铭气愤异常，心脏病发作，送医院后不治身亡。事发后郑某某逃离，香港旅游业议会向警方报案。经查，郑某某为无证导游，所持导游证系向另一郑姓导游借取，假冒该名导游带团，而香港B旅行社没有核实郑某某是否持有效导游证。

2013年9月17日，郑某某被判处入狱两星期及罚款1.2万港元。法官指出，被告不止一次利用他人身份充当持牌导游，从中获利，同时损害了团友的利益，破坏了香港旅游业的形象。

条款

第十条　旅游者的人格尊严、民族风俗习惯和宗教信仰应当得到尊重。

解读

人格尊严、民族风俗习惯和宗教信仰应得到尊重，是旅游者基本权利的重要体现。人格尊严在法律上是人格权的一部分，人格权是整个法律体系中的一种基础性权利，是社会个体生存和发展的基础。我国宪法规定，国家尊重和保障人权。公民的人格尊严不受侵犯，公民有宗教信仰自由。

事件发生后，香港和内地媒体大量报道，引起社会广泛关注。国家旅游局高度关注陈佑铭猝死事件，督促有关方面尽快处理。国家旅游局质监所就此代表国家旅游局，向香港旅游事务专员容伟雄发函，建议就此事件进行全面调查并作出严肃处理。湖南省旅游局协助湖南A旅行社及死者亲属处理相关善后事宜，并积极协调沟通，向香港提出妥善处理事件的希望和要求，转达死者亲属的诉求。经香港、内地多方共同努力，死者家属获得经济赔偿。香港旅游业议会规条委员会召开全体会议，决定终止香港B旅行社的议会会籍，而终止会籍导致该社停牌。

本案例发生时，《旅游法》还尚未执行实施，媒体和公众的焦点都投向了对无证导游郑某某的处理上，组团社湖南A旅行社设计安排"购物店"消费却未被追究责任。那么，如果此案例发生在《旅游法》执行后，导致事件产生的源头即"湖南A旅行社"带领游客进入购物店强迫购物，导游出言不逊、不尊重游客人格尊严等，分别触犯了《旅游法》第十条、第三十五条的规定，要严格依照第九十八条对其进行处罚，追究组团旅行社的责任。

自《旅游法》正式实施以来，旅游市场出现了行业自检式的"规范和约束"，旅游产品价格"理性回归"、取消了强制购物、包价旅游得以实现，就是市场规范后带来的行业新变化。我们期盼着导游人员没有了"人头费"压力和有了固定的薪水和收入补贴后，旅游行业能涌现出更多敬业乐群、遵守职业道德、热情周到的好导游员。

007 残疾人出游有点儿难

案例

丁朋已经16岁了，但由于身体有残疾，不能独立出门行走，身边得有人搀扶。由于家庭条件一般，因为治病花去了全部积蓄，只能借助一些活动参加"免费旅游"。丁朋的妈妈说："孩子身体不好，长这么大还从没有参加过旅行社的旅游团，因为旅行社没有残疾人的团，跟正常团又跟不上步伐，太贵了我们也拿不出钱。"

目前，我国各地旅行社几乎均没有设置专门对残疾人的旅行团及线路。对残疾人，旅行社也不会给予另外的价格优惠，也没有针对性的相关服务。如果景区在门票上减免，该条线路的价格就会优惠。旅行社内部人士认为："没有开设这样的线路，主要是因为这样的市场不大，接收的残疾人客人很少。如果是团队报名的话，我们可以为残疾人朋友量身打造出游线路。"

条款

第十一条　残疾人、老年人、未成年人等旅游者在旅游活动中依照法律、法规和有关规定享受便利和优惠。

解读

对残疾人出游的关怀主要应表现在两方面：一是门票价格优惠，二是针对残疾人的基础设施。国外旅游景区由于国际化程度高，更加注重残疾人设施建设。我们国家可以多借鉴一下他人之长。

例如，在交通方面，国外旅游车等公交车的设计方便残疾人上下车，车上有固定轮椅的设施；景区和酒店等场所专设无障碍通道、残疾人优先通道，酒店总台设残疾人柜台（高度适合残疾人）等；有一些酒店，还专门有针对残疾人使用的房间，房内设施全部有针对性设计。而在塞班岛的一家酒店，残疾人停车位（专用标志）设置在最靠近酒店门口的最方便位置。

当然，因残疾人设施的投入很大，不可能把现有的景区都作同样要求，政府可以选择有代表性的景区进行彻底改造；而新景区建设在此方面也应严格按规范和要求去做。

008 "优惠"一年等一回

案例

2012年9月17日，上海旅游节为期一周的景点半价惠民活动正式启动。不过，与"5·19"中国旅游日景点半价时的情形不同，这次在东方明珠、海洋水族馆前排队的长龙不见了，游客量与平时相差无几。出现这一情况，除了9月17日是工作日的因素外，部分景点老人、儿童门票不能同步半价，是此次优惠活动遇冷的主要原因。

条款

第十一条 残疾人、老年人、未成年人等旅游者在旅游活动中依照法律、法规和有关规定享受便利和优惠。

解读

随着我国社会经济的发展和文明程序的提高，一方面，残疾人、老年人、未成年人等特殊群体有愿望、有条件参与旅游活动；另一方面，为这些特殊群体提供旅游便利和优惠服务是社会文明的基本体现和要求。因此，《旅游法》作出与其他法律、法规衔接性的规定。需要说明的是，本条款属于倡导性规定，在立法过程中，有些意见提出，除了对残疾人、老年人和未成年人给予便利和优惠外，实践中对在校学生、现役军人、教师等身份的旅游者，不少地方和景区也已给予了各种优惠。

一是允许各地方人民代表大会常务委员会和政府在财力许可的情况下，可以通过制定地方法规和相关规定，扩大给予便利和优惠对象的适用范围。如有的景区，目前对老年人的门票优惠，不仅适用境内中国旅游者，也适用境外旅游者。只要境外旅游者能够出示证明其年龄的合法证件，与中国旅游者享受同等优惠。一些公益性城市休闲公园，已实行免票开放。二是虽属于倡导性规定，但并不意味着景区等相关单位可以不执行本法和相关法律、法规及规定对特殊群体给予便利和优惠的要求。

第二部分
文明旅游　健康发展

009 文明出行（一）约束自己的行为

案例

据韩国济州道警察厅通报，近来中国游客不文明现象和违反韩国法规的行为频繁发生，如横穿马路、在禁烟区吸烟、乱扔烟头、随意丢弃垃圾、公共场所大声喧哗、耍酒疯等，严重扰乱了当地的社会秩序，民众反映强烈。济州道警察厅决定对此开展专项治理行动，如发现上述违法行为，一般情况下予以通报处分或现场判罚；如果拒绝执法或不提供身份证件，将予逮捕。

条款

第十三条　旅游者在旅游活动中应当遵守社会公共秩序和社会公德，尊重当地的风俗习惯、文化传统和宗教信仰，爱护旅游资源，保护生态环境，遵守旅游文明行为规范。

解读

随着我国人民生活水平不断提高，旅游成为越来越多的人放松身心、愉悦自我的一种生活方式。从整体来看，旅游者的文明素质正在不断地提高，但仍有一些不尽如人意的地方。

有媒体把中国游客出境游的不文明行为归纳为以下"七宗罪"：

(1) 脏——乱扔垃圾；

(2) 吵——在飞机上、餐厅里毫无顾忌地大声喧哗；

(3) 抢——不讲秩序，任何事都要抢先；

(4) 粗——禁烟区依然悠然自得地吞云吐雾；

(5) 懒——在宴席上把脚搁在椅子上头，或者盘腿而坐；

(6) 窘——西装革履者蹲在街头，或身穿睡衣在酒店串门；

(7) 泼——遇到纠纷时火气大。

旅游者应尊重并自觉遵守旅游目的地法律法规，举止文明，克服陋习。遇当地警方执法，应积极配合。如发生分歧，应注意言语、行为的文明，尽可能不激化矛盾。出境游组团社应认真开好行前说明会，向旅游者介绍旅游目的地有关法律法规、风俗习惯、文明旅游的要求和注意事项。导游、领队等旅游服务人员应及时提醒、劝导游客，注意言语、行为的文明礼貌，注意维护自身形象、地区形象和国家、国民形象。

010 文明出行（二）乘飞机时请注意文明形象

案例

王先生乘坐某国航空公司航班出境旅游。登上飞机后，没有等空乘人员送热毛巾，就直接进入服务舱自取。碰巧乘务员正在为乘客准备热毛巾，王先生未告知就从其身后伸手拿毛巾，毛巾上的水溅到了乘务员脸上，双方引发了争执。空乘主管提醒王先生举止要文明，但其依然我行我素。机组人员遂向有关主管部门投诉。飞机抵达机场后，该国有关机构拒绝王先生入境，并将其遣返。

条款

第十三条　旅游者在旅游活动中应当遵守社会公共秩序和社会公德，尊重当地的风俗习惯、文化传统和宗教信仰，爱护旅游资源，保护生态环境，遵守旅游文明行为规范。

解读

乘飞机是旅游者出境游的前提条件，其中存在的一些不文明行为值得关注，如登机时抢占行李架和不及时就座让道，飞机起降和飞行途中拒绝关闭手机，在机舱内大声说话，使用卫生间后不冲水，起降时不系安全带，飞机落地仍在滑行时就打开手机接打电话，飞机没停稳就起身打开行李箱取行李，等等。这些行为不仅往往引发争端，而且可能发展成影响飞行安全的"大事"，更有损中国和中国人的形象。

游客一定要认真听取并遵守各国及其航空公司有关乘坐飞机的规定、提示，遇有疑问和合理要求时礼貌询问、招呼空乘人员，与其他旅客之间注意言语、行为的文明，并特别注意说话、动作的轻柔适度，尽可能不激化矛盾，不得已和必要时可采取事后反映、报告、投诉等方式解决。

文明行为的养成，需要每一个人尊重他人，遵守道德，尊重规则。本案中，王先生的举动在国人眼里不过是有些鲁莽，但对某国的空乘人员来讲，则认为其"无礼"。每个国家和民族都有自己的风俗和习惯，旅游者应予以尊重并自觉遵守。

011　文明出行（三）多照"镜子"

案例

　　春暖花开，万物复苏，又到了旅游的好时节。人们在出游中愉悦心情的同时，也应注意行为举止，一些不文明行为则让不少景区大呼"伤不起"。

　　明明有垃圾箱，可不少游客还是将垃圾随处乱扔，走几步路，就能看到草丛中躺着丢弃的饮料瓶；

　　水面上漂浮着各种各样的塑料袋、零食包装、果皮，工作人员好不容易清理干净了，又有新的冒了出来；

　　虽然景区在显眼的位置设立了安全提示牌、警示牌，但游客却视而不见，攀爬石壁、践踏草地的现象屡禁不止；

　　这些行为不仅破坏了环境，增加了不必要的人力物力，也损害了自身的形象。出境旅游的游客将这些不文明行为举止带到境外，还经常受到境外媒体的诟病，严重损害了中华民族礼仪之邦的形象。

条款

　　第十三条　旅游者在旅游活动中应当遵守社会公共秩序和社会公德，尊重当地的风俗习惯、文化传统和宗教信仰，爱护旅游资源，保护生态环境，遵守旅游文明行为规范。

解读

中央文明办与国家旅游局于2006年10月公布的《中国公民出境旅游文明行为指南》和《中国公民国内旅游文明行为公约》，对公民文明旅游提出了基本的要求，具有较强的指导性，旅游者应当遵守。

文明就像一面镜子，不仅照出了个人的素养，也照出了一个国家的文明程度。出门旅游，请照照文明这面"镜子"，约束自己的行为，做文明和友谊的传播者。广大旅游者应自觉遵守社会公共秩序和社会公德，尊重当地的风俗习惯、文化传统和宗教信仰，爱护旅游资源，保护生态环境。

在此，让我们借鉴国外经验，看看如何提升公民国际形象：

日本：20世纪60年代，日本游客在世界上的口碑一度很差。日本政府用漫画形式出版《日本国民海外旅行礼节指南》，告诉国民在国外不要穿着拖鞋逛街，女士穿裙子时不要蹲在地上等。经过30多年的宣传教育，日本游客的形象在世界上有很大提升。

韩国：10多年前，韩国人出境旅游人数开始增加时，也给外国人留下不太好的印象，之后韩国的《护照法》规定，对于那些在国外旅行期间，违反当地法律而损害韩国形象的人，政府将在一定期限内拒绝发放护照，最高期限可达3年。2013年4月5日，韩国各大媒体报道的一条消息称，政府将采取措施，限制"丑陋的韩国人"出境，以维护国家的形象。韩国媒体所称"丑陋的韩国人"，是指那些在国外旅行期间因行为不端给国家形象造成损害的人。

德国：德国外交部、海关会给出境的游客提供专门的出行提醒，告知有关国家需要特别注意的法律法规和当地民俗风情。德国的旅行社也会给游客提供专门的旅行指南。此外，德国旅游频道多年前专门开播节目，指导德国人如何文明出游。而多数游客在出境游前都会通过网络或书籍，事先学习了解目的地国家的风俗习惯。

012 文明出行（四）中国公民出境旅游常见不文明行为

案例

（1）随处抛丢垃圾、废弃物，随地吐痰、擤鼻涕、吐口香糖，上厕所不冲水，不讲卫生，留脏迹；

（2）无视禁烟标志，想吸就吸，污染公共空间，危害他人健康；

（3）乘坐公共交通工具时争抢拥挤，购物、参观时插队加塞，排队等候时跨越黄线；

（4）在车船、飞机、餐厅、宾馆、景点等公共场所高声接打电话、呼朋唤友、猜拳行令、扎堆吵闹；

（5）在教堂、寺庙等宗教场所嬉戏、玩笑，不尊重当地居民风俗；

（6）大庭广众之下脱去鞋袜、赤膊袒胸，把裤腿卷到膝盖以上、跷二郎腿，酒足饭饱后毫不掩饰地剔牙，卧室以外穿睡衣或衣冠不整，有碍观瞻；

（7）说话脏字连篇，举止粗鲁专横，遇到纠纷或不顺心的事大发脾气，恶语相向，缺乏基本社交修养；

（8）在不打折扣的店铺讨价还价，强行拉外国人拍照、合影；

（9）涉足色情场所，参加赌博活动；

（10）不消费却长时间占据消费区域，吃自助餐时多拿浪费，离开宾馆饭店时带走非赠品，享受服务后不付小费，贪小便宜。

条款

第十三条 旅游者在旅游活动中应当遵守社会公共秩序和社会公德,尊重当地的风俗习惯、文化传统和宗教信仰,爱护旅游资源,保护生态环境,遵守旅游文明行为规范。

解读

2012年,我国出境人数超过8000万人次。我国目前已成为全球出境旅游人口增长最快的国家之一。然而,中国游客的不文明行为却令中国公民形象受损。公众舆论普遍认为,国际社会越来越多地把中国游客作为观察和了解中国的一个窗口,这使提升公民出境旅游文明素质成为当务之急。分析出境旅游不文明现象产生的主要原因如下:

(1) 意识不强。旅游活动以愉悦身心为主要目的。人们到了异地游玩,容易放松自己,导致"道德弱化"、"不拘小节"。

(2) 个人素养欠缺。我国公民自身的道德修养、文明素质还有待提高。

(3) 文化差异及生活习惯不同。每个国家和地区都有自己的文化背景、生活习俗,当不同的价值观、生活观相互碰撞,难免会有一些摩擦产生。

(4) 部分旅行社服务不到位。一些旅行社不注重旅游行前说明会的宣讲教育工作,多数情况都是形式主义。

在全球化背景下,利用好旅游业这个载体,可以充分展示我国"文明古国"、"礼仪之邦"的形象,有效提升我们国家的软实力;相反,就会损害民族形象,使国家软实力大打折扣。

013 文明出行（五）随手垃圾换矿泉水

案例

上午11点，正是临潼车流的高峰时段。游客刚下临潼高速路口，就被交警拦停，执勤民警礼貌地向游客行礼，并递上一张名片大小的"温馨提示卡"，提醒游客可以按照卡片上的指示，在前方的临时停车场免费停车，然后乘坐免费摆渡车前往各个景点参观。

据了解，免费停车、免费摆渡是临潼区假日旅游缓堵保畅的一个创意。2013年黄金周期间，临潼区通过挖潜、扩容、保底等措施，在景区周边设了10多个临时停车场，每天可为游客提供泊车位3万多个。除原有收费停车场外，临潼区在假日期间新开辟的临时停车场全部免费面向游客开放。为减少自驾游车辆上路，缓解旅游主干道交通压力，临潼区还同时启动了北客站至临潼以及临潼区内景点之间的两条免费摆渡线路，以内循环和外循环的形式打通交通动脉。

在民警的指引下，很多游客乘坐摆渡车来到临潼区骊山国家森林公园。这里，一场"随手垃圾换矿泉水"的环保行动正在举行。游客只需将旅程中产生的垃圾带出景区，便可在景区门外设置的兑换点换取矿泉水一瓶。在该公园昭阳门外的一处兑换点，这里聚集了不少前来换取矿泉水的游客。有拿空矿泉水瓶兑换的，也有拿果皮、纸屑兑换的，短短一个上午，十几箱矿泉水就兑换一空。据兑换点工作人员介绍，黄金周期间累计兑换了1500多瓶矿泉水，集中清理游客随手垃圾 12 大箱。对于这种形式，游客们也纷纷表示支持。来自四川的游客李女士就坦言，这样的活动对自己是一种教育。

条款

第十三条　旅游者在旅游活动中应当遵守社会公共秩序和社会公德，尊重当地的风俗习惯、文化传统和宗教信仰，爱护旅游资源，保护生态环境，遵守旅游文明行为规范。

解读

对于任何景区来讲，旅游垃圾是一个"老大难"却又不能避免的问题。就在刚刚过去的 2013 年 10 月 1 日，11 万人在观看了升旗仪式后，天安门广场留下了近 5 吨垃圾。据说 150 名保洁员人手一把扫帚，用 2 辆清扫车和 2 辆垃圾收集车，以"拉网式"的排兵布阵，花 30 分钟才将垃圾全部清除。西安市华清池景区以"垃圾换水"的方式为游客带来实惠，很环保地解决了"旅游垃圾"这一大问题，也提醒和暗示游客文明出游，随手带走垃圾，留景区一片洁净。

旅游活动过程中所产生的垃圾，要从旅游活动的两个主体——游客和景区下手：游客要自觉保持景区的卫生，提高认识，务必贯彻文明旅游的要求，将个人垃圾送到回收点或是自行带走，切忌随意丢弃。景区要首先做好自身卫生工作，并在景区设立多个垃圾回收点；其次要加强监督，通过工作人员的巡视，监督并规劝游客的文明旅游；最后要出台有效措施，尽可能不要"以罚代管"，寻找人性化的、环保的、保证各方利益的解决方案。景区只有提高卫生服务水平，才能更好地接待八方来客；游客只有讲究卫生，才能永享青山绿水。

《旅游法》虽然已经实施，但是在我国仍存有很多普遍而又根深蒂固的问题，要想实现国人全体的文明旅游仍有一段路要走。"垃圾换矿泉水"的"小尝试"虽然不成熟，却表现出国人对推动文明旅游的智慧和信心，而这些小小的进步终能换来最后胜利的一大步。

014 文明出行（六）值得推广的创意

案例

2013年"十一黄金周"，注定与以往有很大不同，旅游行业首部《旅游法》正式于10月1日起执行。引导游客文明出行，成为该法关注的要点。

令大家倍感欣慰的是，黄鹤楼景区在"十一黄金周"期间接待了近17万名游客，却再无一例乱涂乱画。而这一切是缘于景区首次使用了"电子涂鸦墙"。在黄鹤楼公园主楼一楼大厅一角看到，"电子涂鸦墙"实际上是一台多功能的黄鹤楼旅游导览系统，上面有一块高约1米、宽约0.5米的可触摸电子显示屏。游客可以通过点击屏幕查看"景区介绍"、"参观导览"等资讯，还可以进入电子屏下半部"题字"区，在"电子墙"上任意涂鸦，并可保存、查看。

记者查看当天"涂鸦"内容发现，大部分游客的"涂鸦"之作，为"某某到此一游"，也有情侣留下"某某和某某天长地久"的海誓山盟，还有称颂黄鹤楼的诗句。许多游客觉得，游玩了很多地方，这是他们第一次在风景名胜"涂鸦"。

目前，黄鹤楼公园管理处在公园内已安装了3台这样的设备，分别在主楼1楼、3楼和5楼大厅，它们是在今年中秋节当天投入使用的。据介绍，在电子涂鸦墙"上岗"第一天,每台设备就有数千人在此涂鸦。由于系统容量有限,公园方不得不将设备所存储的涂鸦作品数量上限设定为"60条"。景区管理者提到,以往在黄鹤楼,涂鸦事件时常发生,几乎成为公园管理方最头痛的事。今年游客最多,但主楼柱子、墙壁上却没新增一例刻画痕迹。

条款

第十三条 旅游者在旅游活动中应当遵守社会公共秩序和社会公德,尊重当地的风俗习惯、文化传统和宗教信仰,爱护旅游资源,保护生态环境,遵守旅游文明行为规范。

解读

据了解,本案例中所提到的机器,研发成本约20万元一台,由武汉市科技局作为智慧旅游试点城市的扶持项目,无偿投入黄鹤楼公园使用。据悉,增加"电子涂鸦墙"功能的导览设施,在国内旅游景区是首次使用。试运行之后,"电子涂鸦墙"将通过覆盖园区的无线网络,建立"云平台",可以"海量"地保留任何一位游客的涂鸦信息。游客可以随时通过互联网,查看、打印自己的"大作",也可以通过微信、微博传送、发布涂鸦作品。"电子涂鸦墙"的积极效果已在黄鹤楼公园得到初步证实,该创意值得推广。同时它也提醒景区建设者:切莫"一窝蜂",在一些容易"勾"起游客"涂鸦"欲望的景区,如碑林或风景名胜区等,可以推广;而在其他一些不容易发生涂鸦的景区,则没必要采用。

"电子涂鸦墙"产品创意新颖,解决了不文明乱涂乱画给公共场所带来的不文明影响。但是,也有一种可能,即大众对新技术的兴趣减弱,游客乱画的现象可能会再次出现。所以,要从根本上解决游客不文明行为,乱涂乱画行为还要从游人素质提升这一根本上做功课。

015　导游员的权利得到了保护

案例

《旅游法》于2013年10月1日开始施行了，其中关于导游相关待遇的规定确实很令人期待。以前导游带团的压力很大，每次接到不同地域的游客，都会不自觉地进行"分档"，消费潜力大的团队会被认为是"优质团"，像"山西团"因购物能力强颇受欢迎。一些城市对导游甚至提出接"优质团"，要向旅行社按游客数量交纳费用。种种的重负，让导游承担着可能亏本的经济压力，服务质量自然也就难以保障。

导游一直被视为旅行社服务中最重要的一环，因为旅行社前期的大量工作，最终都会在导游服务中体现。人们在声讨导游私拿回扣、带团质量不高时，很少有人关注导游的生活和近况。极具"人情味"的《旅游法》让导游充满着希望。

条款

第十四条　旅游者在旅游活动中或者在解决纠纷时，不得损害当地居民的合法权益，不得干扰他人的旅游活动，不得损害旅游经营者和旅游从业人员的合法权益。

第三十八条　旅行社应当与其聘用的导游依法订立劳动合同，支付劳动报酬，缴纳社会保险费用。

旅行社临时聘用导游为旅游者提供服务的，应当全额向导游支付本法第六十条第三款规定的导游服务费用。

旅行社安排导游为团队旅游提供服务的，不得要求导游垫付或者向导游收取任何费用。

解读

《旅游法》对于导游人员权益的保障体现在以下几个方面：

1. 保障导游合法收入

目前，我国导游人员的收入来源主要有工资、带团津贴、佣金分成或回扣及小费等。但根据抽样调查的结果，有超过70%的导游是没有基本工资的，所谓带团津贴也非常低，与导游工作的辛苦程度和劳动强度根本就无法匹配。目前，导游收入的主体部分是靠安排购物、增加自费项目获取的回扣。这也就不难理解为什么导游纷纷变身导购、逼迫游客参加自费项目了。通过立法明确我国导游的薪酬制度，并使其得到真正的落实，是保障导游人员合法权益的应有之意，也是提升导游服务质量的必要前提。让人感觉高兴的是，在这一条规定中不但规定了旅行社通过劳动关系保障的，而且还提到了应当保障社会导游的合法收入，旅行社临时聘用导游为旅游者提供服务的应该全额向导游付给导游服务费用，这是一个很全面的设计。

2. 旅行社不得要求导游垫付费用或向导游收取任何费用

要求导游垫付团队接待费用或者是向导游收取"人头费"（导游根据所带游客人数向旅行社交纳的费用，也被称为"买团费"），是目前导游市场的"潜规则"。尤其是在聘用临时导游提供团队服务时，有不少旅行社会要求导游垫付全程的接待费用，也有要求导游"买团"的。这种做法严重违反劳动法的规定。《旅游法》的该款规定提升了《旅行社条例》中有关这条禁止性规定的法律效力，表明了国家维护导游人员合法权益、整顿导游服务市场秩序的坚定决心。

3. 旅游者不得损害导游的合法权益

导游在接受旅行社委派，为旅游者提供导游服务时，其合法权益也应当得到保护，体现了旅游者权利义务的对等性，同时也是对旅游者非理性维权、损害旅游从业人员合法权益行为的一种警示和震慑。

016 拒绝登车的游客

案例

14名游客参加某旅行社组织的"海滨3日游"活动。游客认为旅行社违反合同约定，所提供的住宿地址为"郊区"，而不属于合同标明的"当地"，游客拒绝上车游览，以致14名游客滞留当地2天。事后，14名游客投诉，要求旅行社承担违约责任，支付滞留期间的食宿、误工及精神损失等费用。

经调查，该旅游团队共由52名游客组成，以散客拼团方式交给专线操作"海滨3日游"的具有正规营业资质的"海之韵"旅行社操作。旅游团队按行程计划安排，第一天游览一切正常，当晚旅行社安排的住宿地点为当地经济技术开发区某旅店。经当地旅游局证明，该经济技术开发区即属于海滨城市范围之内，旅行社并未违反合同约定。第二日，14名游客以安排的旅店不属"当地"为由，要求地接导游报销第一晚出去活动的打车费。在遭到拒绝后，游客便以不登车的方式，拒绝旅行社安排的游览行程，并提出必须现场解决问题，才能上车。

为保障同车其他游客的利益，旅行社安排地陪导游与司机按照合同约定继续游览，由全陪导游留下陪同拒绝游览的游客。按照合同约定，最后一天行程当地游览半日，吃过午餐后，全团游客返回出发地；但14名游客以各种借口拒绝游览，并拒绝返回。期间，地接社总经理、地接导游、全陪导游多次劝说游客登车，但均遭拒绝。旅行社工作人员与司机当着全体游客的面，将滞留游客的行李打包封存，于当晚16时30分左右开车离开海滨城市。16时32分，滞留游客拨打旅游出发地旅游投诉电话，要求给予协助。在问清楚事情经过后，出发地旅游局质监所工作人员立即责成旅行社将旅游大巴开回滨海城市接滞留游客回家。后经地接旅行社协调，决定在当地另行安排车辆拉乘14名游客，追赶已在返程途中的旅游大巴并与其他游客一同回到出发地，但14名游客不予接受，依然拒绝登车。在此情况下，地接旅行社又为滞留游客提供返程路费，其中有6名游客领取了路费，但并未回出发地，继续滞留。

条款

第十四条 旅游者在旅游活动中或者在解决纠纷时，不得损害当地居民的合法权益，不得干扰他人的旅游活动，不得损害旅游经营者和旅游从业人员的合法权益。

第七十二条 旅游者在旅游活动中或者在解决纠纷时，损害旅行社、履行辅助人、旅游从业人员或者其他旅游者的合法权益的，依法承担赔偿责任。

解读

当前，个别旅游者维护自身合法权益的意识非常强，常常为保护自己的权益，采取拒绝登车、船、机等行为拖延行程，影响了其他旅游者的合法权益；有的游客甚至打骂导游、司机、领队，损害旅游从业人员合法权益；与旅行社处理纠纷时打闹门市，影响正常营业等。本案游客维权本无过错，只是方式和方法过激，影响到团队的行程和返程时间。在案件处理过程中，也能看到该旅行社在发生纠纷后未能与游客进行积极有效的沟通,以旅行社未违反合同约定,不承担赔偿责任为由,没能妥善解决问题;"旅游行程单"标注的服务标准内容不全,未明确标明旅游住宿地点名称,违反《旅游法》对包价旅游合同签署的相关规定。因而,旅行社销售人员应充分了解《旅游法》各种规定,可预防和减少投诉事件的产生。

017 拒绝登机的客人

案例

某年圣诞之夜,北京一个旅游团队在结束游览行程并准备从上海机场返回北京时,遇到航班延误,航空公司给出的理由是飞机发生机械故障。延误近4个小时后,航班准备起飞,但该团队中的部分游客坚决不上飞机,经过旅行社与航空公司协调,决定给予每人200元的经济补偿。但是,这部分坚决不登机的游客提出新要求:这架刚刚有机械故障的飞机的安全性值得怀疑,要求航空公司重新调一架飞机过来。

旅行社导游将客人的要求反馈给航空公司,对方明确表示无法满足。于是,这些游客放弃乘坐飞机,而是自行租用一辆中巴返回北京。这种"维权行为",不仅造成了自己的经济损失,还导致该航班上其他乘客再次延误。

条款

第十四条 旅游者在旅游活动中或者在解决纠纷时,不得损害当地居民的合法权益,不得干扰他人的旅游活动,不得损害旅游经营者和旅游从业人员的合法权益。

> 解读

本案看上去是航空公司与游客发生的纠纷,游客认为航班延误影响到了自己的合法权益,拒绝登机是对飞机安全问题提出的质疑。虽然在整个纠纷处理中,旅行社一直在努力进行沟通和协调,但是游客"过度维权"的结果,实际上让更多的消费者再次延误,虽然这不是旅行社的原因导致游客人身、财产权益受到损害,旅行社不承担责任,但旅行社有责任积极协助解决游客与责任方之间的纠纷。

在《旅游法》第七十二条中规定,旅游者在旅游活动中或者在解决纠纷时,损害旅行社、履行辅助人、旅游从业人员或者其他旅游者的合法权益的,依法承担赔偿责任。因而,提醒游客,不要"知法"而"犯法",得不偿失。

018 豪华游轮上的不归客

> 案例

2010年10月17日,乘坐豪华游轮"歌诗达经典"号到韩国济州岛旅游的44名中国游客脱离旅行团。韩国警察在接下来的调查中发现11名游客在酒店。韩方证实,这些脱团的中国游客收拾行李时把护照留在游轮上,据此判断,他们可能计划在韩国就业。警方表示找到其他脱团者后,将会采取强制驱逐出境的措施。

条款

第十六条 出境旅游者不得在境外非法滞留,随团出境的旅游者不得擅自分团、脱团。入境旅游者不得在境内非法滞留,随团入境的旅游者不得擅自分团、脱团。

第五十五条 旅游经营者组织、接待出入境旅游,发现旅游者从事违法活动或者有违反本法第十六条规定情形的,应当及时向公安机关、旅游主管部门或者我国驻外机构报告。

第九十九条 旅行社未履行第五十五条规定的报告义务的,由旅游主管部门处五千元以上五万元以下罚款;情节严重的,责令停业整顿或者吊销旅行社业务经营许可证;对直接负责的主管人员和其他直接责任人员,处二千元以上二万元以下罚款,并暂扣或者吊销导游证、领队证。

解读

自我国开放公民出境旅游以来,连续发生了数起利用出境旅游非法滞留的案件。这些案件的发生,影响了我国出境旅游市场的健康发展,损害了我国旅游业的形象。

《旅游法》出台前,旅行社依据2002年7月1日起施行的《中国公民出国旅游管理办法》中的以下条款,对滞留的游客进行处罚,旅行社承担相应的责任:

第二十二条 严禁旅游者在境外滞留不归。旅游者在境外滞留不归的,旅游团队领队应当及时向组团社和中国驻所在国家使领馆报告,组团社应当及时向公安机关和旅游行政部门报告。有关部门处理有关事项时,组团社有义务予以协助。

第三十二条　违反本办法第二十二条的规定，旅游者在境外滞留不归，旅游团队领队不及时向组团社和中国驻所在国家使领馆报告，或者组团社不及时向有关部门报告的，由旅游行政部门给予警告，对旅游团队领队可以暂扣其领队证，对组团社可以暂停其出国旅游业务经营资格。旅游者因滞留不归被遣返回国的，由公安机关吊销其护照。

以本例中这些脱团的游客为例，其最终目的应该是为了打工，他们的脱团行为在国际和国内造成了不良影响。旅游者一旦因滞留不归被遣返回国的，首先公安机关将会吊销其护照。另外，法律明确规定，因非法出境、非法居留、非法就业被遣返回国的，被遣返回国之日起6个月至3年以内，公安机关不予签发护照。

出境旅游者前往其他国家或者地区，一般需要取得前往国签证或者其他入境许可证明。该签证或者其他入境许可证明上有入境有效期、停留期间等事项，出境旅游者不得超出签证有效期与停留期间在境外非法滞留。实践中，有的出境旅游者是报名参加旅游团出境旅游的，根据现行规定，旅游团队须从国家开放口岸整团出入境。在境外进行旅游活动，持有团队旅游签证的旅游者须作为一个团队，不得擅自分团、脱团。同样，入境旅游者在我国境内旅游的，须遵守我国法律规定，按照许可的期限在我国境内旅游，不得非法滞留。如入境旅游者是随团入境参加旅游活动的，不得擅自脱团、分团。旅行社组织、接待出入境旅游，发现有非法滞留和擅自分团、脱团情形的，根据第五十五条规定、第九十九条规定处理。

从《旅游法》执行前后处理的结果不难看出，此法增加了处罚的金额及相关责任人承担的法律责任。

019 合理利用和匹配资源

案例

地处云南西北部的丽江古城，始建于宋末元初，迄今已有 800 余年历史，展现着汉、纳西、藏、白等各民族和谐相处的生动景观和多元文化形态。1997 年 12 月，丽江古城被列入《世界遗产名录》，填补了中国世界文化遗产中无历史文化名城的空白。10 多年后的 2008 年，丽江古城曾被联合国教科文组织指责过度商业化、原住民流失。

过去，在别具一格的小街上，雕梁画栋，小桥流水，人们享受着"一夜千年"的忘我感受。但是，随着这十几年的旅游开发，酒吧街的灯红酒绿中、在小贩的叫卖声中，古朴的风格一点点褪去，曲径通幽的感觉已经不在。

丽江古城，随着原住居民纷纷外迁，以及外地客商和游客的大量涌入，原本就非常脆弱的当地传统民族文化和特有的生活习俗受到强烈冲击。东巴文化消失的速度已使东巴文化进一步挖掘、抢救、整理、研究以及在民间培养年轻东巴文化继承人的工作显得十分迫切。留住人才能留住魂，应尽量地争取一些原住民在那儿居住。为此，丽江市委、市政府出台规定，原住居民在古城内居住的，每人每月可领取 15 元生活补贴。同时，通过采取对住房困难的居民户优先安排公房及廉价租屋，安排古城下岗失业、社会困难人员到服务性岗位等便民惠民措施，使原住居民自觉承担起保护和传承民族文化的重任。街道办、社区也经常组织古城居民在四方街上表演民族打跳等传统歌舞，邀请外来经营者和游客参与其中。只有这样，古城镇才能保持它一定的地域文化、传统文化等特点。

条款

第二十一条　对自然资源和文物等人文资源进行旅游利用，必须严格遵守有关法律、法规的规定，符合资源、生态保护和文物安全的要求，尊重和维护当地传统文化和习俗，维护资源的区域整体性、文化代表性和地域特殊性，并考虑军事设施保护的需要。有关主管部门应当加强对资源保护和旅游利用状况的监督检查。

解读

保护文化古城镇，早已经成为国际共识。1975年关于历史性古城镇保护的《布鲁日决议》亦提出，在修复和翻新这些城镇的过程中，必须尊重当地居民的权利、习俗和期望，必须对公共目的和目标负责。

目前，我国与资源保护有关的法律和法规已达到了20余部，还有若干行政法规、地方法规和国务院部门规章，几乎已经涵盖了自然、人文资源保护的方方面面。资源用于旅游开发和利用，一方面，要处理好开发者、当地居民和利益相关人几方利益；另一方面，要充分尊重和保护"文化"、"习俗"的价值，这就要求资源的旅游开发和利用必须以尊重当地居民的生产生活习惯、文化传统，把保护旅游资源作为前提。

资源的文化代表性，是指某一旅游资源区别于其他旅游资源的文化特性。一些古城镇和古建筑开发建设中，忽略了旅游开发规划和统筹，资源保护意识欠缺，不能遵守《文物保护法》文物修缮利用"修旧如旧"原则。所以，按照行政工作"谁主管谁负责"的要求，主管部门要承担起职责范围内资源保护和旅游开发监督检查权，明确责任，保护现有资源。

020 进入"无障碍"旅游区域合作时代

案例

无障碍旅游,是指在一定的区域内,围绕共建旅游目的地的目标,各地本着公平、开放的原则,打破地域界限、行业壁垒,通过区域旅游紧密合作共同推出旅游业便利化措施,为区域内其他城市的旅游企业和游客提供方便。游客完成一个行程,不用每天换导游、换车辆,由一家旅行社完成一条龙服务,导游实行"一导到底",减少中间环节,这无疑会降低旅行社的成本,游客参团费用自然会随之下降。

目前,我国华东和环渤海地区的无障碍旅游区域合作效果显著。实现旅游区域合作,不能"算各家小账",要看区域的联动带来的相关效益,即在区域内实现旅游交通无障碍、旅游服务无障碍、旅游投诉无障碍,进而实现资源共享、市场共享、基础设施共享、信息共享和品牌共享等。虽然,我国各个旅游合作区域均达成了相关协议,但在具体落实中还有一段路程要走。

条款

第二十三条 国务院和县级以上地方人民政府应当制定并组织实施有利于旅游业持续健康发展的产业政策,推进旅游休闲体系建设,采取措施推动区域旅游合作,鼓励跨区域旅游线路和产品开发,促进旅游与工业、农业、商业、文化、卫生、体育、科教等领域的融合，扶持少数民族地区、革命老区、边远地区和贫困地区旅游业发展。

解读

本法对政府通过制定政策促进旅游业发展，提出了四个方面的重点内容：

第一，国务院专门在2013年出台了《国民旅游休闲纲要》，把国民旅游休闲提高到了一个新的历史高度。休闲旅游在区域发展上不平衡，旅游产业持续健康发展的环境存在较大差异性。由于旅游休闲体系建设内涵十分丰富，从休闲时间的保障到休闲设施的完善，都需要政府给予政策支持。

第二，加强区域合作，形成合力发展旅游业。我国长三角、京津冀唐、珠三角、华东区、东三省、环渤海合作区等，这些区域的合作日益紧密，通过旅游产品的互补性开发、打破各自利益屏障，以实现更大范围内的市场共享、资源共同、政策衔接、协调发展。

第三，随着旅游业的蓬勃发展，旅游与工业、农业、商业、文化、卫生、体育等领域的融合不断加深，促进了相关行业的发展和壮大。但观念陈旧、体制过时、创新意识不强、政策扶持不到位等因素，还有待政府引导和支持。

第四，在相对落后的地区，旅游发展的速度较慢。这些地区往往有非常优质的资源，可以大力发展红色旅游、民俗旅游及生态旅游。由于偏远等条件制约，旅游方面的人才及资金和政策倾斜都是阻碍其发展的制约因素。所以，政府要长时间内以特殊政策扶持。

021 美丽中国之旅

案例

"美丽中国之旅"已被国家有关部门正式确定为中国旅游整体形象。将"美丽中国之旅"确定为中国旅游整体形象,是旅游行业发挥自身在生态文明建设方面的特殊功能优势,是对"十八大"提出的建设"美丽中国"要求的具体落实。"美丽中国之旅"具有丰富内涵,它代表着中国博大精深的文化底蕴和极为富集的自然、人文旅游资源,代表着中国改革开放以来的经济建设之美、政治建设之美、文化建设之美、社会建设之美、生态文明建设之美,也代表着中国旅游业以生态文明为核心理念来引领和影响全球旅游业发展方向的努力,是对"中国旅游"准确、形象、全面且深刻的诠释。

"美丽中国之旅"形象标识以印章作为主体表现形式,以"美丽中国"和Beautiful China 分别作为中英文表述,将中国的印章和书法艺术形式结合起来,并通过甲骨文的"旅"字来突出旅游特色。以蓝色为主的背景颜色,象征着美丽中国事业发展的朝气和生命力。中文字体"美丽中国"字样为红色,是国旗的颜色,代表中国文化,其中"中国"二字采用毛体书法风格,"美丽"二字力求简洁;英文字体为黑色,采用欧美手写形式,以体现流畅和自然,彰显了中国旅游国际化视野,象征着开放的、充满活力的、具有美好前景的中国旅游事业。

中国旅游整体形象标识①

条款

第二十四条 国务院和县级以上地方人民政府应当根据实际情况安排资金,加强旅游基础设施建设、旅游公共服务和旅游形象推广。

第二十五条 国家制定并实施旅游形象推广战略。国务院旅游主管部门统筹组织国家旅游形象的境外推广工作,建立旅游形象推广机构和网络,开展旅游国际合作与交流。

县级以上地方人民政府统筹组织本地的旅游形象推广工作。

解读

旅游形象是地方在社会中所展示的整体旅游面貌,整体旅游形象推广是旅游业具有特殊要求体现。形象推广是旅游基础建设的重要方面,《旅游法》第二十五条规定国务院和县级以上地方人民政府应加强旅游形象推广。由于旅游形象往往与国家和地方整体形象密切相关,需要统筹有关部门共同推进,因而这一责任应当由各级政府承担。为此,除规定国家制定旅游形象推广战略外,《旅游法》第二十五条还规定,县级以上地方人民政府统筹组织本地的旅游形象推广工作。

---

① 此图片摘自中国旅游网。

在旅游形象推广中，各地方人民政府可借鉴以下做法：

一是政府旅游工作负责领导推介。旅游形象是国家形象的重要组成部分，请有关领导人在适当场合加以推介，既符合其身份，又显得亲民，更有益于旅游形象的传播，起到很好的对外宣传效果。

二是纳入当地宣传计划。每个旅游的话题，轻松、民众喜爱，适于作为外宣的突破口和重点领域。

三是举办旅游节庆活动。做好地方旅游形象的宣传，很重要的是要借助好国家行动或政府力量。地方节庆活动要有"典型性"、"代表性"、"区域性"、"差异性"。

四是借助国家旅游形象宣传计划。形象的树立，重在加强宣传，巩固既有影响，使之印象深刻。宣传计划要突出重点、体现专业、保持特色、因势利导、持之以恒，方能大见成效。

022　杭州——幸福的"智慧之城"

案例

杭州在加强公共服务建设方面不遗余力，其城市各项建设带给杭州市民与游客的方便与实惠有目共睹。

1. 便捷的交通换乘

京杭大运河杭州段是运河历史古迹最丰富、文化底蕴最深厚的一段。运河边上，从北向南，可以玩的景点很多，有拱宸桥西历史文化街区（中国刀剪剑博物馆、中国伞博物馆和中国扇博物馆)、小河直街、大兜路历史文化街区、香积寺庙等。而这样一段水路，你只需要3块钱，坐着船，就可以沿途欣赏。从武林门码头到拱宸桥桥西，每天早上7点到晚上10点，都有水上巴士恭候。

为了方便外来游客游湖，杭州西湖景区都会在旅游旺季、节假日实行单向循环交通及单双号限行，而面对日益增多的自驾游游客，即便如此限行交通，却也并不麻烦，因为自驾车游客可在3个换乘中心免费停车，并可免费乘坐环湖巴士畅游西湖。

自驾车主在杭州旅游集散（黄龙）中心将车辆停放好后，可以在杭州旅游集散中心大厅服务台，由旅游集散中心工作人员凭停车票据清点乘坐人数，并出具免费换乘人数凭证，再由公交集团工作人员发放相应数量的"游9线（环湖观光线）免费换乘卡"（一人一卡），并收取30元/张的押金，并填写"游9线免费换乘卡"登记表。同时，由车主向旅游集散中心索取免费停车卡。乘客凭"游9线（环湖观光线）免费换乘卡"可在当日内不限次数免费乘坐游9线。

2. 立体化的咨询体系

以前，旅游咨询点只提供简单的咨询服务，现在已经扩展到吃、住、行、游、购、娱各个方面，不仅可以为游客提供预订酒店、出售演出门票、安排一日游等常规服务，客人要了解的餐馆、茶馆、购物休闲场所等"个性"需求也会得到满足。

旅游咨询点是近年来杭州积极接轨国际，努力践行"国际重要的旅游休闲中心"定位的一个缩影。与导游不同，旅游咨询从前期准备一直延续到后期服务，提供路线设计、建议意见、注意事项等。随着个性化旅游的快速发展，旅游咨询服务的成熟程度已经成为衡量旅游经济发展的重要标准之一。

目前，杭州旅游咨询已经初步形成旅游咨询中心、旅游呼叫中心和旅游在线咨询平台"三位一体"的服务体系。现场、热线与网络共同构成了一个立体化、全时刻的信息网络。截至2011年12月，全市已经建立起150多个旅游咨询点，拥有专业旅游咨询人员 300 余人，总量居全国第一。自 2003 年起，还开通了 24 小时咨询热线，已实现多语种服务。

从 2012 年 5 月开始，杭州市旅游委员会针对智能手机在人们生产生活中的普遍使用，也适时开发了杭州旅游手机 APP 应用软件——杭州智慧旅游，使得杭州旅游和游客之间，更加亲和，没有距离。

条款

第二十六条 国务院旅游主管部门和县级以上地方人民政府应当根据需要建立旅游公共信息和咨询平台，无偿向旅游者提供旅游景区、线路、交通、气象、住宿、安全、医疗急救等必要信息和咨询服务。设区的市和县级人民政府有关部门应当根据需要在交通枢纽、商业中心和旅游者集中场所设置旅游咨询中心，在景区和通往主要景区的道路设置旅游指示标识。

旅游资源丰富的市区的市和县级人民政府可以根据本地的实际情况，建立旅游客运专线或者游客中转站，为旅游者在城市及周边旅游提供服务。

解读

本条款是对加强旅游公共服务体系建设提出的具体要求。目前，全国旅游公共服务建设取得长足发展。《国务院关于加快旅游业发展的意见》提出，要把旅游业培育成国民经济战略性支柱产业和人民群众更加满意的现代服务业的要求。加快推进旅游业与信息产业的融合发展，充分利用信息技术的新成果来引导旅游消费、提升旅游产业素质，被公认为是把旅游业培育成现代服务业的关键。

023 请游客心中有礼

> 案例

湖北新航线国际旅行社领队徐凯每次带团出境前,都会做好细致准备。在行前说明会上,徐凯列举出境游中常见的不文明行为,讲述这些行为的危害,让游客出行前心中有数、心中有礼。

在旅行过程中,徐凯会随时提醒、规劝,包括要依次排队,不要拥挤;要安静用餐,不要浪费;要爱护文物,不要乱刻乱画。当游客发生不文明行为时,他会及时帮助纠正,提醒游客牢记自己是国家的"形象大使",不给中国人丢脸。有次带团游览泰国帕塔亚时,由于天气较热,游客都购买了当地的水果、奶茶来解渴。但当游客离开时,地面上全是丢弃的饮料瓶、水果皮等,徐凯赶紧拿着游客丢弃的塑料袋,把垃圾全部收起来,带到车上。等游客们坐上车,徐凯拿着一袋垃圾笑着对他们说:"大家第一次到泰国海滨城镇旅游,心情太兴奋,所以把自己的东西都落下了,下次不要忘记啦!"游客们都笑了,之后游客再也没有乱丢垃圾。

徐凯还非常注意提高游客团队意识,增强游客之间、游客和领队之间的信任感和依赖感,让大家时时感受到临时大家庭的温暖,这也有效降低了不文明行为的发生概率。有一次在候机室,团里有位老人突然肚子疼,徐凯便送老人去上卫生间。10多分钟过去了,老人还没出来。他有些担心,赶紧去卫生间看看,结果发现老爷爷正在擦洗卫生间地板。原来,老人来不及蹲下就直接拉到衣服和厕所地板上了。徐凯二话不说，立即上前帮他打扫擦洗。老人激动地对他说："你是个好娃，比我家儿子还贴心！"

在担任出境领队的 4 年里，徐凯共收到感谢信 560 封、锦旗 20 面，成为一名明星领队，很多游客都指定要他带团。

条款

第四十一条　导游和领队从事业务活动，应当佩戴导游证、领队证，遵守职业道德，尊重旅游者的风俗习惯和宗教信仰，应当向旅游者告知和解释旅游文明行为规范，引导旅游者健康、文明旅游，劝阻旅游者违反社会公德的行为。

解读

开好行前会，让游客心中有礼；身体力行，对游客随时提醒；贴心服务，让游客感到温暖。徐凯在平凡的岗位上做出了不平凡的业绩。提高游客素质，倡导文明旅游需要千千万万个像徐凯一样的导游、领队，让每个旅游团队都成为传播中华文明的"形象大使"。

旅行团行前说明会的主要内容包括：

(1) 旅行团具体出发时间及集合地点，介绍领队。

(2) 旅游的全部过程，包括出入境手续，每天的行程安排及境外的食宿标准、交通安排、景点概况等。

(3) 前往国历史、天气、货币、特产、风俗习惯及游客文明举止注意事项等。

(4) 旅途中的安全问题，包括护照、贵重物品的保管。

(5) 应携带的个人物品，以及海关的一些规定。

(6) 换汇事宜。每位参加出国游的客人，均可按中国银行的外汇牌价换取最高 2000 美元的等额外汇。

(7) 发放旅行纪念品（如旅行包等）。

(8) 解答参团者的各种疑问。

024 于细微处打造文明之旅

案例

上海锦江旅游有限公司高级导游黄晨薇，从事导游服务11年来，尽力带好每一个出境团，力争将每一次旅游打造成文明之旅。她时刻提醒自己，导游本身就是文明的使者，要通过优质文明的服务，在一言一行中为游客作出示范。

黄晨薇总是用恰当、得体的方式提醒游客，具体来讲，就是"主动宣传文明旅游，适时引导文明行为，积极劝阻不文明言行"，引导游客注意每个文明旅游的细节。在行前，她积极向游客宣传文明旅游注意事项；在海关等候出入境时，她逐个提醒大家保持适当距离；入住酒店时，她嘱咐游客不要大声喧哗；在参观旅游景点时，她会提前说明需注意的问题。

我国台湾的阿里山上遍布侩木森林，其中一个十分有名的景点叫"三代木"。这个独特的景观总是引起客人的拍照热潮，黄晨薇就提前和客人说明三代木的珍贵性，让他们自觉地站在边上拍照而不要踩踏上去。在自由拍照的时间里，如果发现有客人偷偷踩上去拍照，即使不是她所带团里的客人，她也会态度友好却义正词严地劝阻他们，告诉他们如果大家都踩上去拍照伤害了三代木，那么今后来台湾就看不到它了。

日月潭同样是台湾的知名景点，在能同时拍到刻有"日月潭"三个字的石碑以及日月潭全景的地方，总是会看到大陆客人互不谦让，争相拍照。每次到那里，黄晨薇就会和台湾当地导游一起自发地组织在那里的所有游客，安排大家依次排队，台湾导游充当临时摄影师帮助人们拍摄合影。这样既节省了时间，又体现了文明。

条款

第四十一条　导游和领队从事业务活动，应当佩戴导游证、领队证，遵守职业道德，尊重旅游者的风俗习惯和宗教信仰，应当向旅游者告知和解释旅游文明行为规范，引导旅游者健康、文明旅游，劝阻旅游者违反社会公德的行为。

解读

我国2012年出境旅游人数超过8300万人次，是全球出境旅游人口增长最快的国家之一。中国公民出境旅游，一言一行都代表国家形象，体现中国文明程度和国民素质修养。增强文明出游意识，提升文明旅游素质，是每位游客和旅游从业者共同的责任。

《旅游法》第四十一条对导游员和领队引导健康文明提出了要求。导游员作为"文明使者"和"形象大使"，应该率先践行《旅游法》，以自身文明言行示范带动游客，及时劝阻游客不文明行为，引导游客做中华文明的传播者、践行者。导游人员带领游人出境看世界，世界也在透过游客看中国，从点滴做起，提升出境旅游文明素质，展示文明中国、礼仪之邦风采。要像本案例中的优秀导游黄晨薇一样，热爱自己的同胞，热爱自己的职业。在本职工作岗位上认真地履职尽责，用旅游人的专业知识和细致耐心引领游客，向世界展现出文明有礼的中国人形象。

025 以实际行动践行《旅游法》

案例

2013年国庆"黄金周"是《旅游法》实施之后的首个"黄金周",旅游名城桂林从细微做起,在一些小改进、小措施上体现了对《旅游法》严格落实和对游客周到服务的不懈追求。

国庆期间到桂林旅游的游客发现,他们的导游手里除了小旗、话筒等常规硬件之外,还多背了一个环保袋。原来这是响应《旅游法》文明出游的规定,桂林市在全市范围发起了"袋装出游,带走垃圾留下文明"的文明出游主题活动,引导游客文明出游。现在街头巷尾、各个景区,导游随身携带的环保袋,成为桂林本次"黄金周"游客文明出游特有的符号。桂林的导游们除了为游客作导游介绍外,还多了一句暖人心头的温馨提示语:"各位游客,新实施的《旅游法》明确提出了文明出游的要求,请各位游客把烟头、纸巾等垃圾扔到垃圾桶里边,如果哪个地方实在是条件有限,没有垃圾桶的话,导游这边给大家准备了环保袋、垃圾袋,大家有要扔的垃圾可以到导游这边扔垃圾。"虽然只是一个小小的环保袋、垃圾袋,却让导游们不仅可以自豪地向游客介绍桂林的美景,同时也可以让游客一起参与到桂林保护环境的行动当中来,为保护美丽桂林、构建和谐旅游环境出一份力。一个小小的环保袋,一个践行《旅游法》的活动,也是一个文明出游的符号,对于桂林开展的这个特别的文明旅游活动，游客在支持的同时，也感受到了桂林旅游人的环保意识和文明素质。

条款

第四十一条 导游和领队从事业务活动，应当佩戴导游证、领队证，遵守职业道德，尊重旅游者的风俗习惯和宗教信仰，应当向旅游者告知和解释旅游文明行为规范，引导旅游者健康、文明旅游，劝阻旅游者违反社会公德的行为。

解读

随着《旅游法》的贯彻和正式施行，全国开展了针对"文明旅游"的各种宣传和引导工作。倡导文明出游，提升公民素质成为中国旅游业快速发展的当务之急。

文明出行不只是对游客的提醒，对旅游行业相关机构也有了一定的要求。比如，在出行说明会上，向游客介绍旅游目的地相关风俗习惯、文明旅游要求及相关法律法规，引导游客遵守旅游文明行为；在出游过程中，加强对游客文明出行的教育与引导，反复提醒、劝导游客，尽可能避免游客因文化、民俗差异问题而出现不文明的旅游行为。

目前，大多数旅行社与客人在出团前签订的合同中也会涉及一些文明旅游温馨提示，如提前告知游客旅游目的地的风土人情、风俗习惯，并提醒游客尊重当地习俗，拒绝不文明行为。导游也会在带团时多次和游客强调一些细节。旅游点、景区也从不同的渠道和角度向游客进行宣传并引导游客文明出行。本案例体现出桂林当地履行《旅游法》的实践做法，对业界有一定的借鉴作用。

第三部分
规范经营　行业自律

026 中青旅的新生命

案例

稻城亚丁风景区位于四川省甘孜藏族自治州南部,地处著名的青藏高原东部,横断山脉中段,东南与凉山州木里县接壤,西邻乡城县并与云南省香格里拉县毗邻,北连理塘县;属高原季风气候,绝大多数时间天气晴朗,阳光明媚,自然风光优美,尤以古冰体遗迹"稻城古冰帽"著称于世,被称为最后的"香格里拉"。

2013年9月16日,为了配合成都—稻城航线首航,提高稻城亚丁风景区的知名度,四川省中国青年旅行社稻城亚丁操作中心在成都正式挂牌成立。

稻城亚丁操作中心的成立,一方面可以全方位展示稻城亚丁景区独特的自然风光及民俗风情;另一方面可以更好地为成都市民和旅行社同行服务,进一步扩大稻城亚丁风景区的美誉度。

条款

第二十八条 设立旅行社,招徕、组织、接待旅游者,为其提供旅游服务,应当具备下列条件,取得旅游主管部门的许可,依法办理工商登记:

(一)有固定的经营场所;

(二)有必要的营业设施;

(三)有符合规定的注册资本;

（四）有必要的经营业管理人员和导游；

（五）法律、行政法规规定的其他条件。

解读

2009年5月1日《旅行社管理条例》颁布，其中对旅行社的设立条件作了明确规定。《旅游法》再次强调设立的条件。设立旅行社需要履行必要的程序，按照目前《旅行社条例》的规定，首先是取得旅游主管部门的业务经营许可，然后向工商行政管理部门申请设立登记，即旅游行政主管部门的设立许可是工商登记的前提条件。没有旅游主管部门的设立许可，工商登记部门不得为旅行社设立申请人进行旅行社业务工商登记。根据我国目前正在进行的工商登记制度改革和旅行社发展的情况实际需要，有可能对具体程序作出必要调整。

027 赴台游须提防"商务考察"陷阱

案例

Y旅行社以商务考察为名招徕大陆居民赴台旅游，陈先生报名参加了该旅行社组织的赴台游旅行团。该旅行社要求陈先生用护照办理赴台手续，同时提供"伪造文书"给"台湾移民署"境管部门。由于陈先生不是真正的商务考察，所以被台湾境管部门怀疑，最终拒签"大陆居民入台观光证"。更为严重的是，台湾有关部门把陈先生的名字列入黑名单中，核定其3年内不得入台。经旅游行政管理部门认定，Y旅行社无赴台游经营资质。

条款

第二十九条　旅行社可以经营下列业务：

（一）境内旅游；

（二）出境旅游；

（三）边境旅游；

（四）入境旅游；

（五）其他旅游业务。

旅行社经营前款第二项和第三项业务，应当取得相应的业务经营许可，具体条件由国务院规定。

第九十五条　违反本法规定，未经许可经营旅行社业务的，由旅游主管部门或者工商行政管理部门责令改正，没收违法所得，并处一万元以上十万元以下罚款；违法所得十万元以上，并处违法所得一倍以上五倍以下罚款；对有关责任人员，处二千元以上二万元以下罚款。

旅行社违反本法规定，未经许可经营本法第二十九条第一款第二项、第三项业务，或者出租、出借旅行社业务经营许可证，或者以其他方式非法转让旅行社业务经营许可的，除依照前款规定处罚外，并责令停止整顿；情节严重的，吊销旅行社业务经营许可证；对直接负责的主管人员，处二千元以上二万元以下罚款。

解读

本案例，Y旅行社不具备《旅游法》中所提及的"台湾业务经营许可"。在此温馨提示如下：

第一，游客到旅行社报名的时候，要选择具有组织大陆居民赴台湾地区旅游业务资格的旅行社。旅游者应在准备出行前登录国家旅游局官方网站查询，亦可咨询当地的旅游行政管理部门，以确认旅行社的资质。

第二，旅游者应与有赴台游经营资质的旅行社签订规范的《大陆居民赴台湾地区旅游合同》，对旅游行程中交通、住宿标准、餐饮服务、游览项目等进行约定，明确双方的权利和义务。

第三，大陆居民赴台旅游应当向户籍所在地的赴台游组团社申请报名，持赴台游组团社开具的发票原件去当地公安机关办理《大陆居民往来台湾通行证》和旅游签注，参团旅游，整团往返。不能使用《中华人民共和国因私普通护照》办理赴台手续。如果旅游者被要求使用护照办理手续，应向当地旅游行政管理部门举报。

第四，无赴台游资质旅行社组织的赴台旅游或未经当地政府台湾事务办公室批准的赴台交流活动（包括商务考察），旅游者应拒绝参加并向当地有关部门举报。

第五，大陆居民赴台旅游不受年龄限制。如旅行社告知年龄在55岁以上、21岁以下的人群不能赴台旅游，旅游者须谨慎对待，并应查询该旅行社是否有经营大陆居民赴台旅游资质。

028 疯狂的海盗船

案例

K主题公园与Y旅行社签订了门票优惠合同。一日，Y旅行社组织30名游客到K主题公园游玩，但在"疯狂海盗船"这一项目马上结束时，一位游客的安全带突然弹开，游客前倾，2颗牙齿当场脱落，脑部震荡昏迷，被送往医院抢救。经过近半个月的治疗，客人身体好转。旅行社仅仅向游客支付了旅游者人身意外险所给付的相关赔偿。但游客认为，自己无辜受伤，景区和旅行社都有不可推卸的责任。所以，游客将双方告上法庭，要求对后续治疗及美容牙齿的费用进行经济赔偿。最后，法庭的审理结果是：旅行社和景区应分别支付游客相关赔偿4万元和5.8万元。但旅行社负责人的电话却再也打不通了，旅行社人去楼空，无奈之下，游客找到了法庭，并提出该旅行社应该在旅游局交纳了20万元质量保证金。那么，这笔钱可否用来作为游客的赔偿呢？

条款

第三十一条 旅行社应当按照规定交纳旅游服务质量保证金，用于旅游者权益损害赔偿和垫付旅游者人身安全遇有危险时紧急救助的费用。

解读

根据国家旅游局颁布的《旅行社质量保证金暂行规定实施细则》的规定，旅行社质量保证金是指由旅行社缴纳、旅游行政管理部门管理、用于保障旅游者权益的专用款项。主要是发生重大伤亡事故时，第一时间保障旅行者得到及时的救助、治疗，避免旅行社经营者跑路而贻误救助、治疗时机。

经营境内旅游业务和入境旅游业务资质的旅行社的旅行社质量保证金交纳标准统一为20万元，每设立一个分社增加5万元；经营出境旅游业务的旅行社需存120万元，即总额为140万元，每设立一个分社增存30万元。

在哪种情况下，才能使用旅行社质量保证金呢？

（1）严格依法进行，严格把握可以适用的情形。即只有在旅行社因自身责任导致旅游者合法权益受到损失，具体情形包括服务未达到合同约定或者国家或行业规定的标准、旅行社破产造成旅游者预交旅游费损失，以及人民法院判决或裁定及其他生效法律文书认定的旅行社损害旅游者合法权益，在旅行社不承担或无力承担赔偿责任时，才可以执行旅行社质量保证金，除此之外均不得执行保证金。

(2) 对当事人的合法权益要给予充分的保护。一方面依据现有法律规范探索执行手段、扩大可以执行的财产范围；另一方面要谨慎适用法律，保护被执行人的合法的财产权益。

(3) 人民法院在执行涉及旅行社的经济赔偿案件时，不得从旅游行政部门行政经费账户上划转行政经费资金。要严格把握旅行社质量保证金的性质，合理采取强制执行措施。

所以，本案例中，受到意外伤害的游客可以申请使用旅游服务质量保证金来维护自己的合法权益。

029 揭开虚伪的面纱

案例

为进一步规范云南省大理白族自治州旅游市场秩序，查处无资质经营者发布旅游服务广告、超出经营范围进行广告宣传以及各类误导欺诈消费者的广告宣传等行为，大理州旅游委联合工商、物价、公安等部门，围绕旅游企业存在虚假宣传的五个重点环节进行了专项整治。

一是对电视、报纸、网络等媒体所发布的旅游宣传广告进行检查。检查旅游广告发布者是否具有旅游业务经营资质，旅游服务广告是否具有误导、欺诈消费者的内容，旅游服务广告的价格是否低于成本价，是否存在恶性价格竞争等。

二是深入旅行社进行实地检查。主要检查旅行社的报价单、委托合同、旅游合同、财务资料等，检查旅行社是否存在低于成本价接待旅游团队，是否严格按照旅游合同安排游客行程。

三是对宾馆酒店进行实地检查。检查宾馆饭店是否未经等级评定擅自使用等级标识进行虚假宣传；非星级旅游饭店在店名、店徽、饭店告示、饭店用品等宣传品和客用品中是否使用星级符号和称谓；旅游星级饭店在饭店告示、饭店用品等宣传品和客用品中是否使用高于饭店自身星级符号和称谓；旅游饭店在报刊媒体、网络、户外广告和路标上是否进行虚假宣传；已被取消星级的旅游饭店是否仍然悬挂星级标牌、使用星级称谓进行招徕等。

四是对大理、下关两城区的旅游服务网点进行排查。对旅游服务网点是否具有工商营业执照及旅游服务网点登记备案证，旅游服务宣传和报价是否规范进行检查。

五是对购物店进行检查。主要检查购物店未经批准擅自使用国家、省及州市"驰名商标"、"知名商标"等违法违规行为。

此次专项整治共查处虚假宣传旅游企业3家，取缔了5家企业不规范的宣传标识牌。通过整治，有效遏制了旅游企业"虚假宣传"的行为，为大理旅游产业营造了诚信经营的良好氛围。

条款

第三十二条　旅行社为招徕、组织旅游者发布信息，必须真实、准确，不得进行虚假宣传，误导旅游者。

解读

旅行社发布的信息要求真实而准确，是对企业形象和声誉的一种保障。为了在竞争中获取优势，一些旅行社利用虚假广告宣传，对产品质量和服务品质进行夸张介绍，致使旅游者产生误认误购的行为。是否是误导旅游者，属于虚假宣传，主要以客观事实为认定的标准。

本条规定是对我国现有《反不正当竞争法》第九条（"经营者不得利用广告或者其他方法，对商品的质量、制作成分、性能、用途、生产者、有效期、产地等作引人误解的虚假宣传。"）和《旅行社条例》第二十四条（"旅行社向旅游者提供的旅游服务信息必须真实可靠，不得作虚假宣传。"）条款的再次明确。

030 州长建议停止"休闲游"

案例

2004年1月至11月，原吉林省延边朝鲜族自治州交通运输管理处处长蔡豪文利用职务之便，以个人名义，挪用、借用公款合计351.55万元，27次出境到朝鲜罗先市"英皇娱乐中心"参与赌博，将公款挥霍一空后畏罪潜逃。司法机关全国通缉蔡豪文。

蔡豪文事件发生后，延边州委州政府高度重视，主管公安工作的副州长明确提出，媒体曝光的个别旅行社随意办理出境游的情况已严重影响了延边旅游形象，必须立即整顿，并建议立即停止赴朝鲜英皇旅游线路。

2004年1月14日，吉林延边州公安局和延边州旅游局联合下发紧急通知：即日起整顿规范边境旅游市场，整顿期间，各旅行社一律停办休闲游业务及广告宣传。通知同时规定，严禁利用出境参赌招徕游客，旅行社和导游人员要做好出境游客的政策宣传，防止游客在境外参与赌博、色情等违法活动。违反规定的旅行社将被取消其经营边境旅游的资格，对相关导游人员将按照有关规定吊销其领队证。

条款

第三十三条　旅行社及其从业人员组织、接待旅游者，不得安排参观或者参与违反我国法律、法规和社会公德的项目或者活动。

解读

本条是关于禁止旅行社及其从业人员安排某些旅游项目和活动的规定。当前，一些旅行社及从业人员为了招徕游客，迎合一些客人的不正当要求，推介或者组织旅游者参与一些违反我国社会风尚和法律法规的活动，对旅游业的良性健康有序发展造成了一定的影响，也危及到了游客的安全和正当权益。这些行为不论发生在国内或者是国外，只要由我国旅行社组织的，即受我国法律法规的约束。

031 舌尖上的"困惑"

案例

近年来，我国旅游团队餐饮质量投诉的数量不断上升，这一问题已成为影响我国旅游服务总体质量的突出问题。如，餐食的多样性太差，正品菜式雷同，就餐形式多围桌形式，饭菜量少无特色，餐馆的设施及餐具的完好程度不佳等。

造成旅行团餐饮质量下降的原因是多方面的：第一，旅行社克扣旅行团的餐费，给餐馆的报价过低。近几年，国内物价上涨较快，加大了餐馆的经营成本，餐饮价格普遍大幅度上涨。而很多旅行社为了在激烈的竞争中保证一定的接团利润，就变相克扣旅行团的餐费，订餐标准基本没有什么变化。第二，一些餐馆违反质价相符的原则，以高补低，严重挫伤高标准订餐旅行社的积极性，从而保护了恶性削价夺取客源的旅行社。第三，有的餐馆内部管理上没有一套完整的保证体系，接待团队时更得不到有序服务。第四，旅游餐厅选择因价格原因有一定的局限性，使旅行社无太多的选择余地。

条款

第三十四条　旅行社组织旅游活动应当向合格的供应商订购产品和服务。

> 解读

旅行社组织的旅游活动所提供的产品和服务，多数不是由旅行社直接提供的，而是向相关企业如景区、饭店、酒店、汽车公司等供应商订购。实际操作中，常常会出现在旅途中因供应商所提供的产品质量存在问题，造成旅游者权益受损的现象。因此，旅游供应商的选择应基于"货真价实、诚实守信、有序经营、合理竞争"十六字原则，不可以通过低价、回佣等方式扰乱市场经营。

032　当旅行遭遇购物时

> 案例

2013年8月，游客王小平在街头看到了这样一则诱人的广告："888元昆明、大理、丽江双飞6日游，3个购物店，导游绝不强迫消费。"来此游玩的王小平动心了，但为了保障自己的权益，他郑重地与旅行社签订了一份合同。

但是，当飞机一落地昆明，一切与当初的承诺完全不同了，一个景点还没有参观到，购物店一个接一个，品茶、精油、银作坊、翡翠玉石、螺旋藻……一口气数下来，合同上标注的"3个"变成了"10个"。刚下飞机看到的那个满面笑容的导游，还和王小平私聊了几句："出门不花钱，来做什么啊！你算算花几百块钱连机票钱都不够，不买东西，就别想回去！"就这样，美丽的心情没有了，6天时间几乎全放在了购物上了，真是令人"难忘"的"购物之旅"。

条款

第三十五条 旅行社不得以不合理的低价组织旅游活动，诱骗旅游者，并通过安排购物或者另行付费旅游项目获取回扣等不正当利益。

旅行社组织、接待旅游者，不得指定具体购物场所，不得安排另行付费旅游项目。但是，经双方协商一致或者旅游者要求，且不影响其他旅游者行程安排的除外。

发生违反前两款规定情形的，旅游者有权在旅游行程结束后三十日内，要求旅行社为其办理退货并先行垫付退货货款，或者退还另行付费旅游项目的费用。

解读

本案例游客的经历是在《旅游法》正式实施之前。低价组织游客出游，通过诱导、欺骗旅游者消费，获取不正当利益，通过"零负团费"扰乱了正常的旅游市场秩序，而且旅行社以低价揽客后通过"不按质论价"的"疯狂"进购物店和推销景点，严重侵害了旅游者的合法权益。旅行社的短期行为、旅游者图便宜、社会诚信体系不健全，都是"零负团费"存在的重要原因。

2013年10月1日《旅游法》正式施行以后，出游的客人普遍发现旅游团费大幅上涨，对这个现象，游客也有不理解，认为是旅行社企业借《旅游法》实施之机涨价。其实，这是旅游线路价格水平理性的、正常的回归。"零负团费"的做法，是一种违反市场经济规律的、扭曲的经营模式，对旅游者合法权益和健康的市场竞争带来的负面影响和危害极大。《旅游法》严禁旅行社"零负团费"经营。旅游团费的上升，是剔除旅行社行业各种"潜规则"、恢复规范经营模式的正常反应和理性回归。

旅游者发现旅游经营者有违法行为的，有权向旅游、工商、价格、交通、卫生等相关主管部门举报；旅游者与旅游经营者发生纠纷的，有权向相关主管部门或旅游投诉受理机构投诉、申请调解，也可以向人民法院提起诉讼。同时，以下两个方面的事项我们还要特别提醒旅游者：

在实践中，有的旅游者认为，低团费报名参团比较划算，还可以购买旅游纪念品带回家。俗话说，世上没有免费的午餐，旅行社以低于成本的团费诱使游客报名后，必然会从旅游者的二次消费中弥补其成本和利润，旅游者并不了解导游带其购买的旅游纪念品的价值与价格差距有多大，不知道这些商品是不是假冒伪劣商品；还有的旅游者在报团时认为，在行程中我可以坚决不购物、不加点，实际上，行程中购物店、自费景区一个接着另一个，绝大多数旅游者要么自愿参加了，要么被强迫或者变相强迫消费，返程后感觉毫无旅游的舒适度和愉悦感。因此，旅游者在签订合同时一定要谨慎，仔细看清合同每一项内容；消费一定要理性，切不可有侥幸心理，谨防旅行社以各种方式诱骗自己购物或者参加另行付费的旅游项目。

033 规范"一日游"市场秩序

案例

2013年，国家旅游局与国家工商行政管理总局联合发布了《国内旅游"一日游"合同（示范文本）》，并要求各地结合实际积极推广使用。

"一日游"以其经济实惠、方便快捷、灵活自由的特点，受到众多旅游者的青睐，逐渐发展成为散客旅游的主要方式。作为城市旅游，特别是大城市旅游的重要内容，国内旅游"一日游"市场需求巨大，且呈现出不断增长的态势，已引起旅游城市政府的高度重视，在加大力度治理整顿非法"一日游"的同时，不断完善相关服务体系，提升城市管理水平。经过多年的努力，全国各地"一日游"市场秩序已有所好转，但仍然存在较多问题。

国家旅游局和国家工商总局出台《国内旅游"一日游"合同（示范文本）》，是切实维护旅游者合法权益的实质性举措，也是实现政府"寓管理于服务"的有效方式。以合同约定的形式来规范交易行为，使得相关法律法规的要求更为具体明确，经营服务和监督管理可望更规范有力，同时，也能为旅游者的消费维权提供更好的条件。示范文本结合"一日游"实际情况，针对旅游纠纷易发多发环节，根据有关法律法规，明确划分了合同双方责任。以维护旅游者利益为主线，以解决存在的主要问题为着力点，示范文本无论是形式还是内容都有不少创新和亮点。

条款

第三十五条　旅行社不得以不合理的低价组织旅游活动，诱骗旅游者，并通过安排购物或者另行付费旅游项目获取回扣等不正当利益。

解读

以往"一日游"经营中存在着低价竞争、诱骗购物等行为，导致纠纷不断。《旅游法》出台，明确规定旅行社组织、接待团队不得指定购物场所，不得强迫或变相强迫购物等，为"一日游"的执法活动提供了明确的法律依据。《旅游法》还进一步规范了旅游服务合同。

《国内旅游"一日游"合同（示范文本）》呈现以下四个亮点：
(1) 取消购物、另行付费项目以及自由活动。

低价招徕、行程中加点、强迫购物、收取回扣等是"一日游"活动中存在的较为普遍且严重影响旅游者利益的问题。为有效维护旅游者的合法权益，针对上述突出问题，结合"一日游"时间短、行程安排紧凑的特点，没有关于自由活动的规定，也不允许旅行社安排另行付费项目或指定购物场所购物，如果景点本身含购物，旅行社需向旅游者明示。

（2）遏制"黑社"、"黑导"及"黑车"、"黑驾"。

"黑社"、"黑车"、"黑导"和"黑驾"的违法违规行为，是严重扰乱"一日游"市场秩序、侵害旅游者的合法权益的突出问题。无论是对于旅游者消费维权还是对于政府行政管理都造成了极大困扰。针对上述问题，《国内旅游"一日游"合同（示范文本）》要求明确旅行社的名称和许可证编号、导游员的姓名和导游证号、运输车辆的车牌号码、驾驶员的姓名，并就使用无合法有效资质旅游车辆、驾驶员及导游员的情形，作出了严格的违约责任规定。

（3）不可抗力情形下不支持调整行程、变更合同。

"一日游"行程较为简单，发生不可抗力等不可归责于任何一方的事由，容易导致合同目的无法实现。为避免旅行社以调整行程、变更合同的形式损害旅游者的合法权益，《国内旅游"一日游"合同（示范文本）》规定此种情形导致合同无法履行或继续履行的，合同双方均可以解除合同，并以公平为原则分摊相应的费用。

（4）形式内容简单实用。

"一日游"实践过程中，旅行社与旅游者不签订合同的现象屡见不鲜，惰于为简单的旅游活动商讨复杂的合同内容是其原因之一。与《团队国内旅游合同（示范文本）》相比，《国内旅游"一日游"合同示范（示范文本）》无论从形式方面还是从内容方面都进行了简化，将基本信息以表格的形式体现，将权利义务用责任承担来体现，简单实用，易为旅行社和旅游者所接受。

034 领队说"不"

案例

以前参团旅游，旅行社往往热衷于安排游客参加自费项目，进店购物。可最近去欧洲旅游的市民谭娟，却遇到了一件让她想不通的事，旅行团28人联合签名，自愿增加自费项目，但负责地接的旅行社就是不愿意安排。这事让谭娟感到很不愉快。

周明为妻子谭娟及岳父、岳母三人报名参加"希腊＋德法瑞意15日游"。三人顺利出发后，身在重庆的周明一直以为，这将是一个愉快的旅程。而谭娟每天通过微信发来的风景更让人感受到了她的快乐。

"在希腊的旅程的确还算愉快，但这样的愉快到意大利之后就结束了。"周明记得，一天，他突然接到谭娟打来的越洋电话，让他赶紧与旅行社联系，希望旅行社通知负责在欧洲地接、领队、导游等工作的旅行社，为他们安排自费旅游景点。

其实，在周明报名时，旅行社即向他表示全包价旅游以参观景区为主，境外度假式的风光游览会让大家非常放松。以其中在意大利巴里城一天的活动为例，游客当天用完早餐后前往庞贝古城参观1小时，当天再无其他安排，剩余时间全部为自由活动，以往大家烦恼的购物环节都没有了。购物环节没有了，原本以为是一件好事。然而，真正实施起来，却不那么受欢迎。对于语言不通、人生地不熟的客人而言，总不可能一直待在酒店里，难得出国一次，有些行程上没有安排的景点，肯定想去看看。

这个总数有28名游客的旅游团,所有旅客都有增加自费项目的意愿。不过,来自地接旅行社的领队,坚持以《旅游法》不允许为由,拒绝安排。

游客们认为,游客主动提出的自费项目要求,旅行社应该予以安排和配合。更何况,旅行团28位成员还一起确定了其他需要添加的自费项目景点:比萨斜塔、贡多拉游船、铁力士雪山、凡尔赛宫、夜游巴黎等。在游客们看来,这些由他们主动提出、达成一致意愿且增加在自由活动时间的自费项目,完全符合《旅游法》的规定。为避免领队及所属地接社因此而受到处罚,28名游客现场书写了一纸签名申请留给领队。

领队仍不予安排,她表示需要28名游客各自报名时负责组团的旅行社,分别向她所属的地接社发出同意安排自费项目的确认传真,少一家都不行。而28人各自报名的组团社,来自五家不同的旅行社。因正当诉求没有得到回应,甚至发生了游客滞留在酒店大厅不愿随团继续旅游的不快。

条款

第三十五条 旅行社组织、接待旅游者,不得指定具体购物场所,不得安排另行付费旅游项目。但是,经双方协商一致或者旅游者要求,且不影响其他旅游者行程安排的除外。

解读

在《旅游法》实施后,许多旅行社都遇到了与本案例同样的问题,如何解决呢?有业内人士称:游客们在旅游合同中,确实没有购物和自费项目这一部分。如果游客确有要求,在独立成团的情况下,可以事先签订附加协议,而且必须是注明游客自愿。而散客拼团的话,就无法签署附加协议,针对部分游客出境后的需求,导游可以推荐或者指路,但绝对不会将旅客带进商店或者参加自费项目,因为那样一旦被查,很有可能受到处罚。

有一些旅行社管理者说:"因为《旅游法》的明确要求,旅行社不能推荐自费项目,因此他们只能严格执行。就此事而言,自费景点虽然是客人主动要求,甚至还联合签名,但不排除事后游客自称签名非自愿之类的情况发生。因此,公司还是严格按照规定和合同执行不组织自费项目。"

2013年9月13日,国家旅游局在官方网站上发布了"全面权威解答《旅游法》实施热点问题"。在本说明中提到:针对社会上特别是旅游业界,对《旅游法》关于旅行社安排购物和参加另行付费旅游项目的禁止性规定存在一些模糊认识,有的认为不可以安排,有的认为可以安排,有些甚至认为《旅游法》禁止旅游者购物。

为此,相关部门负责人表示,《旅游法》重点整治"零负团费"和"收受不正当利益、指定购物店等现象,并非禁止旅游者购物或参加自费项目。旅游者可以在旅游行程中的自行安排活动时间内,自愿、自主地安排个人的购物等活动,旅行社也可以选择旅游目的地的、主要面向当地社会公众服务的商业区,作正当、合理的安排,满足旅游者的购物需求。

如果旅行社安排具体购物场所或另行付费旅游项目的,必须符合几个要求:不得以不合理的低价组织旅游活动,不得诱骗旅游者,也不得通过安排这些活动获取回扣等不正当利益;必须与旅游者协商一致或者是应旅游者要求,否则旅行社、导游或领队均不得指定具体购物场所,不得安排另行付费旅游项目,即使旅游者同意,也不得欺骗旅游者,不得通过安排这些活动获取回扣等不正当利益;旅行社必须充分满足旅游者的知情权,就具体购物场所和另行付费旅游项目的情况,包括具体的名称、地点、时间、购物场所的主要商品或自费项目的主要内容,以及相关价格等情况,向旅游者作出真实、准确、详细的说明;不得影响其他不参加相关活动的旅游者的行程安排,要对这部分旅游者的活动作出合理的安排;不得将旅游者是否同意相关安排作为签约条件,旅游者不同意的不得拒绝签订合同或者增加团费,旅游者同意的不得因此而减少团费。

　　旅行社违反这些要求的，旅游者有权拒绝，也有权在旅游行程结束后30日内，要求组团社或地接社，为其办理退货并先行垫付退货货款，或者退还另行付费项目的费用。

035 "难忘"的蜜月旅行

案例

　　费先生与新婚妻子为了到泰国普吉岛度假，参加了旅行社组织的豪华奢侈蜜月游。在临登飞机时，大家发现从各家旅行社报名参加此次旅行的18位都是新婚夫妇。然而，该团队却没有安排领队，对于团队里多数是初次跨出国门的团友们来讲，真是一肚子火气。

　　经过和各家旅行社沟通，派领队已不现实了。大家就商量着，如何安排下面的行程。行程单上还标注着：飞机要从国内飞到香港转机。对于客人们来讲，大家要完成取行李、办理出境手续、再入境的流程。

　　"香港机场有不同的航站楼，咱们谁能走明白啊？"果然，飞机落地香港要入境时，因没有填写出境申报单，19名客人全部要重新排队，导致游客取行李的时间被耽搁了。

　　因没有领队与境外接待社协调，人生地不熟，一路的辛苦也许只有客人自己才能体会得到。旅行结束后，费先生与妻子以旅行社未提供相应服务，损害其合法权益为由，要求旅行社赔偿其损失。

条款

第三十六条 旅行社组织团队出境旅游或者组织、接待团队入境旅游，应当按照规定安排领队或者导游全程陪同。

解读

领队，是指代表境内的组团社为出境旅游团提供旅途全程陪同和有关服务，协同境外接待旅行社完成旅游计划安排，协调处理旅游过程中相关事务的人员。目前，按照《旅行社条例》第三十条的规定："旅行社组织中国内地居民出境旅游的，应当为旅游团队安排领队全程陪同。"《中国公民出国旅游管理办法》第十条第一款规定："组团社应当为旅游团队安排专职领队。"根据《旅游法》第三十六条规定，出于旅游目的地的特殊性和保障旅游者人身安全等方面的考虑，有关部门和地方对旅行社组织、接待团队出入境旅游安排导游全程陪同有一些规定，旅行社应当遵照执行。据以上规定，费先生的要求是合理的，旅行社应适当予以赔偿。

036 "无证"将"无路"

案例

每逢"黄金周"或者游客比较集中的季节，导游严重短缺，满足不了旅游城市需要是许多热点城市面临的问题。根据各省市旅游质量监督所的执法人员检查结果汇总显示,在例行检查中,检查导游员佩戴导游证及带团行程情况时,常会发现一些"导游员"未持有国家规定的导游证。

通常,无证"导游"所持的旅行社接待计划是真实的,也是旅行社委派带该团的"导游人员",但因这些"导游人员"是在未取得国家规定的导游证的情况下,被旅行社"委派"从事导游活动的,势必对旅游团队服务质量造成一定的影响。

条款

第三十七条 参加导游资格考试成绩合格,与旅行社订立劳动合同或者在相关旅行社行业组织注册的人员,可以申请取得导游证。

第三十九条 取得导游证,具有相应的学历、语言能力和旅游从业经历,并与旅行社订立劳动合同的人员,可以申请领队证。

第一百零二条 违反本法规定,未取得导游证或者领队证从事导游、领队活动的,由旅游主管部门责令改正,没收违法所得,并处一千元以上一万元以下罚款,予以公告。

解读

我国导游执业资格制度始于20世纪80年代。国务院1987年的《导游人员管理暂行规定》和1999年颁布的《导游人员管理条例》明确了导游执业资格认可的条件和程序,国家旅游局陆续颁布了《导游证管理办法》、《导游人员管理实施办法》等规定,构建了我国的导游执业资格制度。

1996年,我国出境领队许可制度开始执行。领队作为组团旅行社的代表,需要为出境旅游团队提供旅途全程陪同和语言、联络等相关服务,并协同和监督完成境外旅游接待安排,协调处理旅游突发事件,监督旅游者遵守法律法规和文明旅游行为,防止旅游者滞留,对旅游行程安全、顺畅的完成具有至关重要的作用。

与旅社行社订立劳动合同是导游和领队从业的前提条件之一,也是对其个人权益的基本保护。《出境旅游领队人员管理办法》第五条规定,组团社向所在地的省级或经授权的地市级以上旅游行政管理部门申领领队证。根据《大陆居民赴台游管理办法》第七条的规定,赴台游的领队证由地方旅游主管部门向国家旅游局申领。

规范旅游市场的进程中,对导游人员和领队的管理更为必要,除了要检验其是否具有上岗资格之外,对职业道德和业务技能的考核要常态化、标准化、规范化。

037 敢问路在何方

案例

凉风习习正是旅游的好天气,马路上的交警正在紧张地疏散交通拥堵车辆,而广场上都是游客。导游摇晃着手中的小红旗,引导着游客有秩序地乘车。这位认真带团的导游姓刘。小刘当导游已经有5年的时间了,她觉得《旅游法》的实施对自身的收入影响很大。她承认在过去的旅行途中,导游的确有拿回扣的现象,但《旅游法》实施以后对导游行业的影响太大了。

小刘目前每月有1500元的工资,扣除社保、医保,每月大约是1200元。现在旅行社基本上都组织全包价旅游,旅行社提供的导游服务费每天为200~300元不等。《旅游法》刚刚实施,与以前相比,到底有多大的收入差距还不好估算,未来之路如何走?离开旅游行业还是转为旅行社内勤岗位,她感到很迷茫。小刘表示:"如果形势真的不好的话,我打算改行了。"

条款

第三十八条　旅行社应当与其聘用的导游依法订立劳动合同，支付劳动报酬，缴纳社会保险费用。

解读

《旅游法》出台以来，许多旅行社对原来薪酬体系进行了调整，公司根据导游员的工作年限、导游等级、带团质量等进行级别划分，每个档次的工资都不一样。以前带团拼"团队质量"，现在带团没有了购物，拼自己的"真才实学"。小刘很希望这部法律可以对一线导游工作者的薪酬改革起到促进作用，结束没有底薪和保障的局面。

《旅游法》实施之前，大部分导游没有和旅行社签订劳动合同，无法得到基本工资、社会保险等，导游收入主要来自游客的购物和自费项目的回扣。通过立法明确我国导游的薪酬制度，并使其得到真正的落实，是保障导游人员合法权益的应有之义，也是提升导游服务质量的必要前提。

038　没有被"委派"的导游

案例

赵女士打算带领公司同事外出旅游活动，经好朋友帮忙介绍了一位导游小李，便与其签订了一份九华山2日游合同。合同中约定，所乘交通工具为豪华空调车，但实际所乘的是一辆普通巴士，连空调都没有，车内非常热；而且这位李导游对景点的讲解不到位，安排用餐的餐厅环境很差、卫生糟糕，而且所提供的团餐质量极差。

对此，赵女士与公司同事都抱怨连连。而导游称这就是按照合同约定标准提供的，不关她的事。旅游结束后，赵女士投诉到该旅行社，但旅行社却以李导游私自揽活、未经旅行社委派为由拒不接受她的投诉。

经旅行社调查，该李姓导游对于本次旅游团并没有向旅行社汇报过，而且她私自租用车辆，利用旅行社加盖公章的空白合同和游客订立了合同，并收取了旅游费用，以旅行社名义为赵女士等提供了旅游服务活动。游客气愤地将导游和旅行社告到了旅游质量监督部门，等待回复。

条款

第四十条　导游和领队为旅游者提供服务必须接受旅行社委派，不得私自承揽导游和领队业务。

第一百零二条　导游、领队违反本法规定，私自承揽业务的，由旅游主管部门责令改正，没收违法所得，处一千元以上一万元以下罚款，并暂扣或者吊销导游证、领队证。

解读

"委派"就是旅行社明确导游、领队带团任务，导游、领队按旅行社的任务和指示，为旅游者提供导游、领队服务。必须接受委派的情形包括：一是导游为旅游者提供全陪服务，必须接受组团旅行社的委派；二是导游为旅游者提供地陪服务，必须接受地接旅行社的委派；三是领队为出境旅游者提供领队服务，必须接受出境旅游组团社的委派。

私自承揽导游带团业务，在一些热点城市十分常见。尤其是"黑导"和

"野导"接待游客无法保证质量。持证导游由于没有经过旅行社委派带团，是违法的行为。目前，旅行社在委派导游或领队带团时，都会开具正式的带团任务书，任务书上会标明团号、行程等内容。一方面可以规范和约束导游、领队的带团行为；另一方面也为执法部门的监督检查提供了依据。

导游私自带团是旅游行业中严厉禁止的行为，旅行社应加强内部导游管理和合同使用的有效监督。本案例中，旅行社虽不知情，但是合同是其旅行社流出的，盖有公章，导游员虽未被委派，但与该旅行社签有合同，有雇佣关系，旅行社具有不可推脱的责任，一定要承担相应的赔偿。在此，建议旅游者，为保障合法权益不受侵害，在报名参团时最好到旅行社的正式网点；签订旅游合同，既要看清合同条款内容，也要注意核对合同印章上的名称与公司名称是否相一致，不要与个人私下签合同，避免钻进不法分子的圈套。

039 不情愿交的小费

案例

周女士一家跟随旅游团去香港旅游，香港一家地接旅行社派了一名女导游全程陪导。组团社派出的领队从进入香港开始，就轻松了起来。在走完相应的行程完成了香港之旅后，地接导游告诉所有客人，每人准备3天的小费150元，她要现场收取一下，这让所有的客人非常不舒服。虽然在旅游合同中已注明：每人每天支付香港当地导游服务50元，旅行社销售人员也作了说明和介绍。可是，周女士认为，小费应该是一种自愿行为，这名地接导游服务很一般，也不太会讲什么，这钱花得太不值得了。再者，旅行社在报价时，不是已经包含了导游服务费了吗？为什么还要单独收取呢？不解的周女士看到其他客人都交了小费，自己不情愿又不好意思，只好交了这笔不情愿的小费。

条款

第四十一条　导游和领队应当严格执行旅游行程安排，不得擅自变更旅游行程或者中止服务活动，不得向旅游者索取小费，不得诱导、欺骗、强迫或者变相强迫旅游者购物或者参加另行付费旅游项目。

第一百零二条　导游、领队违反本法规定，向旅游者索取小费的，由旅游主管部门责令退还，处一千元以上一万元以下罚款；情节严重的，并暂扣或者吊销导游证、领队证。

解读

和周女士一样，在旅游活动中，许多客人都对"小费"存有一定的质疑。《旅游法》对"导游服务费"和"小费"都作出了有针对性的规定。一些业界人士认为，导游服务费就是小费，可以由旅游者在行程中直接向导游支付，有些旅游者对旅行社在出境游中收取小费的做法也存有疑问。

《旅游法》规定的导游服务费，是旅行社支付给导游的劳动报酬，是旅游团费的组成部分，必须在包价旅游合同中列明，由旅行社向旅游者收取；而《旅游法》规定的小费，是旅游者因对导游服务满意而自愿、额外、直接地向导游支付的费用。两者不是一回事。

《旅游法》明确规定，旅行社、导游均不得向旅游者索取小费。

在境外一些国家（地区），有向导游、司机等旅游从业人员支付小费的习惯，这部分小费收入是他们劳动报酬的组成部分，通常必须支付。根据《旅游法》关于"旅游者在旅游活动中应当尊重当地的风俗习惯、文化传统"的原则，对这种特殊情况，建议旅行社可以将该费用直接包含在旅游团费中向旅游者收取，或者在签订合同时专门向旅游者详细说明后另行收取，不得由导游、领队直接收取。

040 人在囧途

案例

2013年10月6日，中央电视台报道了"香格里拉旅游乱象"的新闻后，该事件成为《旅游法》正式施行后备受关注的焦点。

事件起因于一位记者在云南的暗访。2013年8月14日，迪庆香格里拉某旅行社有限责任公司委派迪庆某旅行社导游张某从丽江古城接待前往香格里拉散客拼团39人，途经拉市海、雄古光景台、第一湾观景台，游览香格里拉虎跳峡景区，晚上自费参加碧纳藏民家访。15日游览香格里拉县纳帕海湿地公园等后返回丽江，结束行程。在14日，团队行至离虎跳峡10公里左右路段，导游张某收取藏民家访费用，每人100元，当时有3人没有交，导游将他们撵下车。当团队15日返回丽江，被撵游客在丽江市旅游局进行了投诉。丽江旅游局工作人员表示，他们只能管丽江的导游和旅行社，那些导游是香格里拉的。于是记者跟随被甩游客来到香格里拉。迪庆藏族自治州旅游局执法人员的答复更是出人意料。工作人员认为："游客过于理性消费,观念不对。"当工作人员发现有游客拍摄录音时，遭到了执法人员的威胁和辱骂。一位执法者说："像你（指游客）这样的滚蛋！永远不要来香格里拉！把你撵掉！我敢说这句话我就做得到！"

条款

第四十一条 导游和领队应当严格执行旅游行程安排,不得擅自变更旅游行程或者中止服务活动,不得向旅游者索取小费,不得诱导、欺骗、强迫或者变相强迫旅游者购物或者参加另行付费旅游项目。

第一百零九条 旅游主管部门和有关部门的工作人员在履行监督管理职责中,滥用职权、玩忽职守、徇私舞弊,尚不构成犯罪的,依法给予处分。

解读

本案例中的事件发生后,丽江市旅游局协调迪庆香格里拉某旅行社向投诉人作出了投诉处理:团款全额退还480元/人;赔偿团款40%的违约金,计192元/人。2013年10月6日,该事件又被中央电视台曝光后,迪庆有关部门决定对媒体报道的"香格里拉旅游乱象"中所涉及旅行社处以10万元罚款,停业整顿1个月;涉事导游张某违反了《旅游法》第四十一条以及《导游人员管理条例》相关规定,决定依法吊销其迪庆州导游人员上岗从业资格证书和迪庆州导游上岗证;将玩忽职守、出言不逊、滥用职权的旅游执法人员,调离迪庆州旅游执法支队。

在《旅游法》实施前,对本案例的处理如对导游员张某的处理应依据《导游人员管理条例》第二十四条之规定:导游人员进行导游活动,胁迫旅游者消费情节严重的,由省、自治区、直辖市人民政府旅游行政部门吊销导游证并予以公告,对委派该导游人员的旅行社给予警告直至责令停业整顿。对比前后,《旅游法》实施后更加严厉,更对旅游执法者履职不尽责进行处罚。

本案例中,导游员出言不逊,甚至强行要求游客下车,违背了导游人员职业道德,给导游群体及当地旅游业蒙上一层"污秽"。类似云南香格里拉、丽江等地导游、执法人员威胁游客和野蛮执法的行为在2013年10月1日《旅游法》实施之后，应该依法予以严惩。

媒体所揭露的现象深刻地说明了导游所患"顽疾"，早已"病入膏肓"。值得反思的是，当地旅游行政执法人员对游客的建议都是："交了旅行社和导游让你交的钱，就什么问题都不会发生了。"《旅游法》第一百零九条明确对旅游相关部门工作人员进行了职业道德的约束和要求。旅游行政执法人员要严格规范执法行为，推进依法行政工作。透过此事件，旅游行政执法队伍有待进一步完善和提升自身修养，打造一支合格的行政执法队伍。

041 持刀威胁谩骂游客的"黑导游"

案例

2013年7月6日下午，一段由游客拍摄的视频在多家网站传播。视频中，一位男子在大巴车上用不文明语言谩骂车上的另一个人，站在后方的另一名男子掏出一个凶器喊"我弄死你"，并要求对方下车。据视频爆料者称，大巴7月3日载客游览八达岭长城和十三陵，由于乘客没有达到消费要求，司机不予开车，游客要求发车时，遭"导游"谩骂并持凶器威胁。

据调查，孟某所持凶器为一把改锥。同车游客反映，孟某曾出示过某省导游证，北京市旅游委联系该省旅游局核查发现，导游系统中没有孟某的登记记录，初步认定孟某为非法导游。目前视频中的"导游"孟某因涉嫌持凶器威胁游客已被公安机关依法拘留。

条款

第四十一条 导游和领队应当严格执行旅游行程安排，不得擅自变更旅游行程或者中止服务活动，不得向旅游者索取小费，不得诱导、欺骗、强迫或者变相强迫旅游者购物或者参加另行付费旅游项目。

解读

对于侵犯游客权益的各种违规、违法行为，旅游行政管理部门要及时进行纠正，并作出严肃处理。还可以建立旅行社信用体系，将不良行为给予记录并向公众公示。对于违规情形严重的旅行社，应该予以吊销业务经营许可证。有关部门应进一步规范旅行社提供的格式合同，坚决剔除损害游客利益的不公平条款、霸王条款，使其成为维护游客权益的有力武器。与此同时，也应加强对公众的宣传、指导，提高消费者对旅行社、旅游合同的识别能力，以及发生违约甚至侵权行为时运用法律自我保护的能力，切实做到明明白白消费、平平安安出行。

042 救游客遇难的筏工

案例

漂流一向被人们认为是一项较安全又清凉的旅游活动。在炎热的夏季，各旅行社也纷纷推出与漂流有关的旅游线路。但实际上，漂流并不是像许多人想象得那么安全而又浪漫,这种有一定风险的旅游项目并非老少皆宜。

2013年5月18日下午,56岁的筏工申屠和明像往常一样,撑筏载着满船游客开始漂流之旅。这是他当日的第二趟活。接的是上海君汇国际旅行社组织的旅游团,一共54名游客,分了5条筏子。申屠师傅的筏子上坐了12名游客,基本是女游客,一路叽叽喳喳好不热闹,在不知不觉中落在大部队的后面。同样,她们也没有感觉到危险正在逼近。

大约在13点40分,筏子到达了景区的第二个堰坝,也是人们说的"老夹堰"。夹堰是一种三角形的堤坝,把经过的双溪水分成3条宽度不足2米的小水道,使得原本平缓的水流变得湍急。这个"老夹堰"历史悠久,原先本是个用于灌溉的水利设施,如今多了旅游功能,上游水通过夹堰落下,像一道小瀑布,形成的落差可以增加漂流的刺激性。为了安全起见,双溪在每个堰坝配备了一个水上安全员。当时,唐冯水就是这个点的安全员。

申屠师傅的筏子漂过夹堰时,唐冯水看到筏子上游客比较多,想拉住竹筏后慢慢放下,减轻一下筏子的冲力,但没想到水流较快一下没拉住,筏子就顺着"小瀑布"冲下去了,在堰坝底下被一个旋涡吸住,巨大的离心力使得竹筏在原地打起了转。竹筏进水,立刻引起筏子上的游客惊慌一片,忙乱之下筏子发生了侧翻,5名女游客落入水中。险情发生后,筏工申屠师傅下水救人。岸上的安全员唐冯水看到发生状况,急忙赶过来加入救援。

"当时那个堰坝的落差大概有2米多,堰坝底下的水更深,估计有4米。水冲下来在底下形成了几个急旋涡,水况很复杂。"目睹全过程的唐冯水说,当时申屠下水救人,先是奋力将2名落水游客推上了竹筏,后来他赶到,又合力将另外2名落水游客救起,但第5名游客已经被水流冲得很远。这时,筏子上的其他游客都处于惊慌失措的状态,唐冯水便呼喊着让筏上游客将竹竿递给他。他接过竹竿将竹筏靠拢在安全水域,筏子上的11名游客安全上了岸。

唐冯水再次入水，游向旋涡中的申屠和另一名游客。此时，在水中营救多时的申屠师傅已经力衰，挣脱不了旋涡，而身穿救生衣的游客则浮在水面，被水流渐渐冲远。唐冯水奋力游向了游客，抓住她的身子，想把她推上竹筏，无奈气力已经不足，尝试几次之后仍然没有成功。不远处被困旋涡的申屠师傅这时已经坚持不住，身子时起时伏，也发出了呼救声。唐冯水心急如焚，吩咐最后一名落水游客抓住竹筏不要慌，再去营救申屠师傅。

水深且冷，举止维艰。唐冯水长吸一口气，一个潜泳，终于潜到了申屠身边。他在水下顶住申屠的身子，想把他顶出水面，但是旋涡吸力太大，而此时申屠已经力竭，没有一丝体力能够配合，光凭唐冯水一个人的力气，根本摆脱不了旋涡。唐冯水仍不放弃，一次，两次，三次……尝试了三四次后，唐冯水也虚脱无力了，脚也抽筋了……眼看着两人都要被旋涡吞没，这时，原先漂流的筏子恰好被水冲到了这里，筋疲力尽的唐冯水抓住了筏子，翻身上去喘了口气，回头一看，申屠师傅已经没了踪影。"我几次够到了他，却抓不住他。"一闭上眼，唐冯水的脑子里就浮现出申屠在水中挣扎的情景，还有他的呼救声。

据不完全统计，浙江的漂流景点已经超过100个。但业内人士表示，景区巨大的客流面对的是救援人员数量缺失，安全人员资质审核体系不规范，暗藏安全隐患。

杭州余杭区风景旅游局安全科科长陈航表示，一般漂流景点的筏工、救生员都会经过救人、自救的安全培训，但是并不像其他行业一样会有认证的证书、证明，上岗前也不需要经过专业机构的考核。而按照业内的说法，在水边居住的农民水性都很好，漂流景点的工作人员也不需要向景点提交什么材料就能上岗。

浙江省旅游局、杭州市余杭区风景旅游局相关负责人表示，景区要开设漂流项目，只需到工商申领营业执照即可，不需要通过任何安全风险评估。

"在2000年前后,浙江要做漂流的景点需要通过海港管理部门的评测,但是据我所知,在2005年就已经不需要任何门槛,只要通过工商这一个门槛,任何企业就可以开设漂流项目。"一位景区的业内人士表示,据他所知,目前,如果要开设攀岩、跳伞等高风险运动,是需要通过文广、体育局审批,但是漂流虽然属于高风险运动,审批流程却与攀岩、跳伞不一样。"以惊险刺激为噱头的漂流,是暑期最热门的旅游项目,所以投资者很愿意在景区开设漂流,拉动其他设施的营业额。现在浙江的漂流点遍地开花,已经有100余个,安不安全只有企业自检、自知。"

条款

第四十二条 景区开放应当具备下列条件,并听取旅游主管部门的意见:

(一)有必要的旅游配套服务和辅助设施;

(二)有必要的安全设施及制度,经过安全风险评估,满足安全条件;

(三)有必要的环境保护设施和生态保护措施;

(四)法律、行政法规规定的其他条件。

解读

1998年5月1日起执行的《漂流旅游安全管理暂行办法》相关规定如下:

第四条 国务院旅游行政管理部门负责全国范围内漂流旅游活动的安全监督管理工作。县级以上地方人民政府旅游行政管理部门(以下简称地方旅游行政管理部门)负责本地区内漂流旅游活动的安全监督管理工作。

第六条 省、自治区、直辖市人民政府旅游行政管理部门应根据当地漂流水域状况和使用漂流工具的情况,制定本地区漂流旅游安全和服务标准,并根据安全和服务标准对经营企业和漂流工具进行检查。对符合标准的企业,发给旅游部门认可的证书,并会同有关部门对其使用的漂流工具进行登记管理。

第九条 地方旅游行政管理部门应审核检查漂流旅游企业的各项安全管理规章制度；对漂流旅游的从业人员进行安全教育和安全培训。

第十一条 经营漂流旅游的企业应设置专门的安全管理机构或确定专人负责安全管理工作。

第十二条 经营漂流旅游的企业应对从业人员特别是漂流工具操作人员进行旅游服务和旅游安全培训。

第十七条 漂流工具的操作人员必须经当地水运管理部门考试合格后方可上岗。上岗前必须由旅游管理部门或经营企业进行旅游服务和旅游安全培训。

第二十条 投入经营使用的漂流工具必须具备下列条件：

（一）经有关部门检验，持有载明乘客定额、载重量、适航内容的合格证书；

（二）按有关规定选配操作人员；

（三）救生设备齐全。

《旅游法》实施后，根据《旅游法》第四十二条之规定，景区如经营漂流项目就必须拥有合法的经营执照并经过安全风险评估，经营此类高风险旅游项目也必须购买保险。而旅游行政管理部门告知，景区要开设漂流项目，目前只需到工商局申领营业执照即可，不需要通过任何安全风险评估。《旅游法》执行前后最明显的对比是，之前《漂流旅游安全管理暂行办法》没有提及安全风险评估和高风险项目保险。

因此，一旦景区出现问题，多以旅游者人身意外险作为赔偿的主体，而且一些旅行社投保的人身意外险，将漂流等危险性较强的旅游项目列为不投保范围，对游客来讲，安全没有任何的保障。所以，从保障游客权益和生命安全的角度出发，各旅游景区应在设立之初和建立之后，常态化进行景区安全风险评估，并向社会公告。同时，各级旅游景区应建立信息反馈制度。对各景区实现动态化的管理，发现存在有可能危及旅游者人身、财产安全等其他情形，在事发第一时间向旅游主管部门确认信息的真实性后，及时报告上级旅游主管部门，并通过相关媒体发布通告，向旅游经营者和旅游者发布旅游警示信息。

043 想说"爱你"不容易

案例

2013年4月，湖南省凤凰古城景区整体打包收费148元。"五一"小长假，凤凰古城遭遇了游客"用脚投票"，游客数量减至去年同期六成。该县副县长蔡龙表示："凤凰古城作为成熟的旅游产品，在同类古城中是最晚收费的，门票由于是新定价格，而非涨价，故不需要听证。"这种说法，引起许多游客和网友的质疑。

条款

第四十三条　利用公共资源建设的景区的门票以及景区内的游览场所、交通工具等另行收费项目，实行政府定价或者政府指导价，严格控制价格上涨。拟收费或者提高价格的，应当举行听证会，征求旅游者、经营者和有关方面的意见，论证其必要性、可行性。

利用公共资源建设的景区，不得通过增加另行收费项目等方式变相涨价；另行收费项目已收回投资成本的，应当相应降低价格或者取消收费。

公益性的城市公园、博物馆、纪念馆等，除重点文物保护单位和珍贵文物收藏单位外，应当逐步免费开放。

解读

目前，旅游景区门票价格持续高涨，着实伤害了旅游者的出游积极性。在我国，门票在旅游花销中占21%，甚至超过了住宿、交通等的花费。面对"疯狂的门票"，国家发改委2007年下发《关于进一步做好当前游览参观点门票价格管理工作的通知》，明确要求对实行政府定价和政府指导价管理的门票价格，上调频率不得低于3年。但到了2010年，不少景区迫不及待地上调了门票价格，将"三年不涨"禁令演变成"三年必涨"的现实。

2013年"五一"前，国家发改委再度要求实行政府定价和政府指导价的1200余家景区提供优惠票价，整体降价幅度近20%。不过，仍能看到许多热门的景区"错时优惠"，不舍得放弃门票的收益。

《旅游法》以严格控制价格上涨为基本原则，增加了听证会这一价格调整程序，同时规定，景区门票价格变动应提前6个月公布。"这些措施有助于遏制景区随意定价和门票过高等问题。

以埃及为例，对比国外景区的景点门票价格。在景点门票价格方面，埃及对不同人群实行不同的票价制度。本国人在参观各景点和公园时所需门票价格通常仅为外国人的1/10甚至是1/20；学生和儿童的门票价格为成人的一半；残障者及老年人则可享受免票待遇。向本国公众开放旅游景点是为了让国民更好地了解祖国的灿烂文化，从而激发他们更强烈的爱国心；对外国游人收取相对较高的门票费用，则是为了赚取旅游收入。另外，埃及文物保护的经费主要靠国家拨款，各博物馆每年用于文物保护方面的经费预算基本都能得到满足。

《旅游法》对旅游资源的"护用并举"进行了协调规范。将旅游资源保护和利用的关系从法律层面加以协调，有助于缓解景区以门票收入来弥补保护漏洞的困境，从而为景区门票价格下降打下良好基础。《旅游法》更应该让景区有危机意识，逐渐形成除门票外的住宿、餐饮、娱乐、零售等一条龙的产业链，摆脱对门票收入的依赖。希望政府能借鉴旅游发达国家景区门票管理的方式，让更多的旅游者成为国家资源的受益者，让更多人群在游览名山大川中感悟祖国的美丽和富强。

第四部分
平安景区　承载有度

044 打往物价局的投诉电话

案例

在前往在某景区游览观光时，游客赵先生因其一直从事户外穿越行走，体力较好，不想乘坐电瓶车进入景区。但当他在购买单张门票时，遇到了难题。因为景区的门票与电瓶车是整体发售的。

游客拨打12358价格举报电话向物价局投诉。经查，游客反映情况属实。该景区面积较大，游程较远，由售票口到景区核心游览区有近5公里路程。为此，景区在此路段开通游览电瓶车接送游客，一次性收取每位游客130元，包括景区门票和10元的游览电瓶车乘车费。

条款

第四十四条　景区应当在醒目位置公示门票价格、另行付费项目的价格及团体收费价格。景区提高门票价格应当提前六个月公布。

将不同景区的门票或者同一景区内不同游览场所的门票合并出售的，合并后的价格不得高于各单项门票的价格之和，且旅游者有权购买其中的单项票。

景区内的核心游览项目因故暂停向旅游者开放或者停止提供服务的，应当公示并相应减少收费。

解读

《旅游法》第四十四条是关于景区门票等价格的公示、合并售票、暂停开放减少收费的规定。景区门票是旅游者进入景区参观旅游的凭证。明码实价是对经营者销售商品和提供服务的最基本要求。旅游者无论自助还是参加团队旅游，都会涉及景区门票的问题。同时，为了抑制门票随意和频繁涨价，本条对门票价格的调整时间提出了要求，规定景区提高门票价格应提前6个月公布，保障旅游者的选择权，给旅游者和旅行社以充分的准备和调整的时间。

国家发展和改革委员会、财政部、国土资源部、住房和城乡建设部、国家林业局、国家旅游局、国家宗教事务所、国家文物局等八部门联合下发的《关于整顿和规范游览参观点门票价格的通知》（发改价格〔2008〕905号）明确规定："游览参观点内必须实行重点保护性开放的特殊参观点，确需单独设置园中园门票的，要严格审批。凡设置园中园门票及联票的，要实行公示，由游客自愿选择，联票价格要低于相应各类门票价格之和。游览参观点内缆车、观光车、游船等交通运输服务价格应单独标示，单独销售，不得与门票捆绑销售。"

景区的门票价格应当"物有所值"，如遇到核心项目暂停开放或停止服务应减少收费，以体现公平性。

该景区"捆绑销售景区门票和游览电瓶车乘车费"的行为，违反了上述政策规定。价格主管部门依法责令其立即整改，退还多收游客价款，并向游客道歉。

045 标准化景区的烦恼

案例

2013年9月29日,"全国旅游服务质量标杆单位"命名仪式在江苏省海门市举行,九寨沟风景名胜区管理局作为四川省乃至西部地区的唯一代表荣获这一殊荣。九寨沟旅游服务质量再次得到全国认可。

然而,10月2日,九寨沟景区发生了游客滞留事件,网络上铺天盖地般的信息显示出景区陷入一片"混乱"。对此九寨沟管理局、阿坝大九旅集团九寨沟旅游分公司特向游客"致歉"。

景区称:10月2日,景区迎来了进沟高峰。为保障景区运转正常,景区95%的人员深入一线维护秩序,阿坝大九旅集团九寨沟分公司也出动了所有观光车负责游客的运送。中午12时许,由于少数游客在正常候车时间内,急于赶车,不听从管理人员指挥,强行拦车,导致部分站点观光车辆受阻,无法正常运行。此现象迅速引发连锁反应,造成整个运营车辆无法循环运转、大量游客无法正常乘车。由于候车或步行时间较长,部分游客心生怨气,不听劝阻,翻越栈道,走在公路上,导致整个客运系统几乎瘫痪。截至当天19时许,景区共滞留客人4000余人。

事发后,九寨沟管理局协同相关部门迅速启动应急预案,全力开展疏导工作。一是立即从景区外抽调60余名工作人员、100余名志愿者,深入一线,开展劝解工作;二是迅速抽派20名公安干警、20名武警战士,分赴各候车点维护秩序、疏导交通；从县上抽调 20 辆摆渡车帮助景区转运游客；三是迅速组织力量采购矿泉水、面包等食品，分发给部分滞留游客。同时，全面开展退票工作，对未游览完景区的游客进行全额退票处理。通过多方努力，截至 2 日晚 22 时左右，滞留游客全部安全疏散。

条款

第四十五条　景区接待旅游者不得超过景区主管部门核定的最大承载量。景区应当公布景区主管部门核定的最大承载量，制定和实施旅游者流量控制方案，并可以采取门票预约等方式，对景区接待旅游者的数量进行控制。

旅游者数量可能达到最大承载量时，景区应当提前公告并同时向当地方人民政府报告，景区和当地人民政府应当及时采取疏导、分流等措施。

第十三条　旅游者在旅游活动中应当遵守社会公共秩序和社会公德，尊重当地的风俗习惯、文化传统和宗教信仰，爱护旅游资源，保护生态环境，遵守旅游文明行为规范。

解读

众所周知，九寨沟作为全国首批 5A 级景区、世界自然遗产地，除了无与伦比的自然资源外，景区管理服务水平从"全国旅游服务质量标杆单位"的殊荣中即可体现。按常理说，游客多时怎么分流、交通工具如何运转、人力资源如何调配、突发事故如何处置，都应该有一套科学、严谨、规范的操作程序。但是，事件中，为何游客没有在候车点排队上车，有无工作人员对客人进行引导？当在犀牛海、诺日朗景点处的道路上挤满了情绪激动的游客，几辆公交车完全陷入"人海"中寸步难行，不少游客席地而坐（中央电视台报道显示），景区管理者面对游客非理性行为应采取什么样的措施进行劝阻？

"九寨沟滞留"事件，让旅游景区深刻反思。对于游客来说，要理性对待交通不便、人多拥挤等现实困难，切勿因不守秩序而违反规定，成为景点拥堵的"制造者"，要知道"滞留"事件也因"不恰当的行为"而致事件的升级；对于景区管理者来说，要深刻理解"凡事预则立，不预则废"。面对游人如织，景区管理者除了检查预案是否科学合理，组织是否充分到位，保障是否周到全面，职责是否认真履行外，更要探索人性化管理方式，把困难想得更充分些，把措施部署得更周密点。在进行景区标准化建设中所罗列的"应急方案"、"分流方案"等文字并非只是文字功夫，要以"演练"和"实战"的形式应用于实际工作，不要有"形式主义"之嫌。同时，尽一切可能，通过网络、电子屏、媒体、景区广播、温馨提示等方式，迅速发布预警信息，及时疏导。唯有如此，面临突发事件才能处乱不惊、临危不惧、沉着应对，最大限度地确保景区安全、有序。

046 当景区人满为患时

案例

2012年"十一"期间，小轿车免收高速通行费的措施首次实行。全国各大景区虽然已提前做好应对工作，但还是被汹涌而至的客流"吓"到了。

游客马先生在2013年"十一"期间自驾车前往长白山旅游景区，在进山门口之前，所有的车辆就已经是水泄不通、人潮涌动。景区及时通过广播和大门售票窗口前的超大LED显示屏及网站、微博、微信等渠道，第一时间向正在进入和准备进入景区的游客及时发布客流量、停车位数量等相关信息。

10月3日景区三个坡共迎来游客3.6万人。池北区景区旅游秩序井然，长白山主峰、天池中转站、瀑布、地下森林等景点旅游秩序井然，未显拥挤。"原因是景区加强了旅游旺季的客源管理力度，科学管理和疏通游客流，景区公司和各个景点做好了旅游旺季的安全和科学管理力度"。结合《旅游法》中关于景区游客承载量的要求，在官网上景区发布了《2013年长白山景区最大最佳游客承载量的通知》，长白山北景区游客最大承载量为2.6万人，最佳游客承载量为2万人；西景区最大游客最大承载量为1.2万人，最佳游客承载量为8000人。

条款

第四十五条　景区接待旅游者不得超过景区主管部门核定的最大承载量。景区应当公布景区主管部门核定的最大承载量，制定和实施旅游者流量控制方案，并可以采取门票预约等方式，对景区接待旅游者的数量进行控制。

旅游者可能达到最大承载量时，景区应当提前公告并同时向当地人民政府报告，景区和当地人民政府应当及时采取疏导、分流等措施。

解读

我国一些知名景区在旅游旺季和假期经常人满为患，因此对景区实施限流具有合理性。但是，对于景区承载量这一数字核定起来确实难度不小，具体的一些旅游设施可以测算，但像古城、自然山水类的景区，最大承载量就更难核算了。人数猛增导致了许多问题出现：一是人员拥挤、设备和设施超负荷运转，给旅游者人身安全埋下了隐患；二是景观的过度利用，缺乏必要的休养生息，造成了景区自然生态环境，尤其是一些不可恢复的文物古迹等资源的安全隐患；三是景区接待服务水平大打折扣，旅游质量下降，旅游者观光游览效果大受影响。

本法确立景区是流量控制的责任主体，要承担以下几项责任：一是景区接待旅游者不得超过景区主管部门核定的最大承载量。二是景区应当在其收费处、入口处、网站，必要时还要通过旅游公共服务信息平台、公共媒体等途径公布最大承载量，保障旅游者的知情权和选择权。三是景区应当制定并实施旅游者流量控制方案，在旅游旺季时提前增加人手，配备力量，及时分析流量情况，采取各种手段严格控制景区流量。四是在旅游者人数可能达到最大承载量时，应提前广而告之提醒旅游者，采取切实可行的办法进行人流的疏导、分流等措施，保障安全。

建议景区除了采取门票预约和预售等方式了解流量外，可以采用如下方式：一是合理设计景区的参观路线，提高旅游者流动率；二是设置明确、清晰的景区指示牌，避免误导旅游者，造成不必要的堵塞；三是提前、及时公布景区流量，保持景区流量信息实时畅通，供游客参考；四是合理设计旅游者排除的方式和途径。

047 门票网络销售红火

案例

近年来，随着我国旅游市场的散客化、网络化趋势发展迅速，越来越多旅游者会选择通过网络提前预订优惠的景区门票。统计显示，"黄金周"携程票券频道门票预订量同比去年增长超过500%。此外，还有大量旅游者在预订机票、酒店、自由行、自驾游等产品时一并预订折扣门票。不少游客还通过手机客户端预订门票。据统计,"黄金周"游客网上订票,相比现场买票平均折扣约为8折。

加强发挥信息技术在旅游管理领域的作用,能够有效解决旅游信息不对称的问题,让游客更加便捷地了解景区的游客接待状况。从发达国家的经验来看,利用信息技术,可以开展参观预约服务,让消费者及时得到景区的全面信息,减少消费者旅游的盲目性。

2013年10月2日,故宫接待游客数超过18万人次,再次刷新了历年接待游客最高值。其中通过网络提前购票的约6000人。由于在检票口处设有网络购票专用通道,工作人员手持刷卡机服务,游客只需携带订票的身份证,即可刷证进门,大高峰时期网上预订的游客也几乎是"随到随入"。

长白山景区公司结合集团"数字化长白山"建设的需要,为了提高长白山旅游业的整体管理水平,减少各旅行社现金买票操作的工作量和排队买票等待时间,从2011年10月20日正式开通网上订票业务,所有组团到长白山的旅行社只要通过网上购票(门票和环保车票),即可缓解旺季游客多、排队购票时间长的问题。此系统的开通,对预估当日旅游人次,进行景区承载量人流管理起到了很大的作用。

条款

第四十五条 景区接待旅游者不得超过景区主管部门核定的最大承载量。景区应当公布景区主管部门核定的最大承载量,制定和实施旅游者流量控制方案,并可以采取门票预约等方式,对景区接待旅游者的数量进行控制。

旅游者可能达到最大承载量时,景区应当提前公告并同时向当地人民政府报告,景区和当地人民政府应当及时采取疏导、分流等措施。

解读

目前国内旅游的现状是，旺季热门景区单日接待客流量超过景区最佳接待客流，而后者也远超过网络预订人群。以今年10月2日的故宫为例：三者分别为18万、5万、6000。网上订票要真正起到调节客流的作用，还有几个关键点：

一是景区要建立预警机制。几乎所有景区都有最佳接待能力的客流量，但往往在旺季，接待量远超甚至数倍于流量极限。已有部分知名景区意识到了这个问题，大客流未必能带来大收益，过于庞大的客流反而会影响到真正有消费能力客人的出行意愿，以及景区的口碑。

二是快速入园技术的成熟。今后的趋势应该是，客人通过网络、手机预订，在景区可刷手机、身份证直接通关入园。

三是建立类似于酒店的预付价格机制。虽然携程旅游等在线旅游服务商发展了更为便捷的门票预付服务，但目前占市场份额最大的网络售票是现付，而现付对于缓解客流的作用有限，甚至因为多了一步查找订单还会影响到换票速度。所以，合理的方法是通过价格区隔引导客人的选择：预付更便宜，现付略贵，现场买票更高。有部分景区已有类似的政策。

综上所述，"解决旺季景区拥堵，除了开发电子票服务，景区和管理部门要建立预警机制，有出游意愿的游客要形成提前预约和错峰出游意识，国家也有必要优化假期制度，从制度层面落实带薪休假。"

048 限承载量化解"景区超载"

案例

2013年国庆长假,内地来港游客纷纷选择香港海洋公园作为旅游地,但这里并未出现景区超载等情况。据香港海洋公园介绍,海洋公园有一系列应对节庆假日的疏导和控制客流的措施。其中最重要的一项是当入场人次达到海洋公园最大承载量九成,即约3.5万人次时,公园就会间歇性暂停售票。加上工作人员,园内同一时间不会超过3.63万人。这一措施,今年国庆期间并未实施。

海洋公园发言人表示,暂停售票是为了保持园区高品质的服务,并让到访的游客获得最佳的游园体验。在暑假或"黄金周"期间,公园关门时间也会延长。但园区一旦暂停售票,有意进园区或在园区外滞留的游客将如何处理呢?海洋公园表示,在此情况下,媒体和公共交通工具扮演了重头戏。一旦游客数量达到停售上限,海洋公园首先会在公园正门作出广播,通知游客有关措施,并加派人手协助游客进出公园。其次,海洋公园会即时发出新闻稿,通知香港各大传媒、即时新闻网站和电台电视台有关停售的安排。此外,公园还会通知进出市区必经的香港仔隧道、主要公交车线路和其他交通机构,以便于疏导客流和对游客通知有关安排。

条款

第四十五条 景区接待旅游者不得超过景区主管部门核定的最大承载量。景区应当公布景区主管部门核定的最大承载量,制定和实施旅游者流量控制方案,并可以采取门票预约等方式,对景区接待旅游者的数量进行控制。

旅游者数量可能达到最大承载量时,景区应当提前公告并同时向当地人民政府报告,景区和当地人民政府应当及时采取疏导、分流等措施。

解读

《旅游法》出台后,关于本条款针对游客承载量问题,存在着一些争议。有人认为:"景区平时游客量不大,常常要想尽方法进行营销和宣传。到了景区最"旺"的"黄金周",园区不积极售票迎客反而使用各种渠道限售,这对于以门票为主要收入来源的景区而言岂不是有悖于常理吗?"

本案例中,香港海洋公园的管理理念是,其景区限制游客人数主要是为了维持园区和游客的舒适度,以避免在拥挤的环境下不能美好地享受。园区工作人员还介绍,目前海洋公园门票收入只占园区整体收入的67%左右。以此为鉴,公共服务场所要立足于游客需求,站在游客的立场和角度来制定相关的管理办法,在保障游客的权益的同时,也为景区健康良性发展注入了活力。

第五部分

企业经营　诚信至上

049 胡同深处"奥运人家"

案例

　　来自德国的皮特和西蒙娜夫妇是北京市首批入住"奥运人家"的外国游客。他们将在什刹海的一座四合院里度过5天时光，体验地地道道的北京人的生活氛围。福娃和中国茶，是这对夫妇的最爱。

　　2008年为迎接北京奥运会的召开，北京市旅游局经过3个多月的严格评选，最终从全市1118户申请家庭中选中598户家庭作为"奥运人家"。奥运期间，它们能提供726间客房，一次可接待1000余名中外观众和游客。其中，奥运场馆密集的朝阳区和海淀区入选数量最多，占到总数的一半以上。

　　为迎接国外游客入住，这些"奥运人家"的主人们进行了充分的准备，包括房间的装修、添置新家电，并积极学习接待礼仪，有的人家还认真学习厨艺和英语。住客如果幸运的话，还能欣赏到房主地道的"绝活儿"——书法、刺绣、茶艺、收藏、武术等。

　　除舒适、卫生的家居环境外，安全问题也是外界关注的焦点。北京市相关部门对监测后需要进行室内环境净化治理的"奥运人家"，进行室内环境污染净化治理工作；为入选家庭提供了消毒柜、客用棉织品、灭火器等器具。客人入住后，旅行社作为接待服务工作的主体，负责接待服务活动中的游览、交通等项目；街道、社区配合公安部门负责客人在社区内活动的安全监管工作；接待家庭负责客人在家内住宿的安全。

条款

第四十六条 城镇和乡村居民利用自有住宅或者其他条件依法从事旅游经营,其管理办法由省、自治区、直辖市制定。

解读

截至 2012 年年底,全国共有 9 万个村开展乡村旅游活动,乡村旅游经营单位(户)达到了 180 万家,其中农家乐 155 万家、规模以上休闲农业园区超过了 3.3 万家、其他乡村旅游经营户 21.7 万家;年接待游客 7.92 亿人次,乡村旅游年经营总收入达 2480 亿元;乡村旅游全部从业人数达 2800 万,占农村劳动力的 6.9%。

城镇居民从事旅游经营主要体现为家庭旅游。这种家庭旅馆早年流行于欧洲,盛行于美国,是一种"自己管理自己"的小型家庭旅馆,客源多为自助旅游者。在我国,除了"奥运人家"、"世博人家"等少数家庭旅馆是由我国政府部门统一引导和监管外,其他旅馆还存在着一定的隐患,如安全、卫生、消防、治安等,不容忽视。

《旅游法》本条款要求各省、自治区、直辖市制定专门管理办法的原因是,我国目前城乡、区域发展还不均衡,统一规范经营标准和要求还不切合实际,各省可按各地实际情况作出规定。

050 莫让"探险游"成"冒险游"

案例

小林是某户外探险俱乐部的会员,暑假期间,该俱乐部组织会员去某森林景区探险,小林兴奋地报了名,开始了他的探险之旅。意想不到的是,在森林中大家迷失了方向,大家都慌了阵脚,而"领队"除了报警没有任何应急措施。幸亏公安人员通过卫星定位进行紧急救助,他们才得以脱险。死里逃生的小林至今心有余悸。

近年来,利用长假进行探险旅游的人日益增多,"驴友"遇险事件屡屡发生:2009年,重庆自助游团队35人在穿越重庆潭獐峡时突遇山洪,17人遇难;2010年,上海"驴友"探险黄山被困,为救援,一名24岁的民警牺牲;2011年,14人组成的登山队进入四川四姑娘山景区后与外界失去联系,经过13天搜救后方才脱险……

条款

第四十七条 经营高空、高速、水上、潜水、探险等高风险旅游项目,应当按照国家有关规定取得经营许可。

解读

高风险旅游项目具有强烈的刺激性、挑战性和体验性,对喜欢冒险和新奇的旅游者来讲有强大的吸引力。但是，由于高风险项目安全系数不高、产生安全事件的概率，要远高于普通旅游形式。一些户外运动中心联合旅行社开发冒险游线路，常常吸引不少有兴趣的游客参加。但是，探险运动对设备设施配备情况、安全标准规定、操作人员资质和技能都有较高的要求。

针对目前我国暂时还没有制定高风险旅游目录，本法首次正式提出了高风险旅游项目概念，并将其概括为五个种类，即高空、高速、水上、潜水、探险。目前，有些法律法规或者强制性标准已对以上旅游项目进行了规范，有的还要经过特殊的事先许可。如《国内登山管理办法》规定，攀登7000米以上山峰，登山活动发起单位应在活动实施前3个月向国家体育局申请特批。

为保障广大探险游客的安全，给出如下温馨提示：

第一，建议探险旅游爱好者选择正规的、有经验的探险旅游机构，如专业旅行社、探险协会、登山协会等。请认真了解项目经营者的资质、安全措施及项目的安全要求，结合自身身体条件、年龄等情况慎重选择。如果是自发组织的探险，最好配备专门的探险游教练，以便发生意外的时候能够得到专业、及时的处理。

第二，要根据探险地环境、项目难易程度和自身健康状况选择探险旅游活动和线路。探险旅游纷繁多样，如沙漠探险、丛林穿越、登山越野、潜水等，游客需理性选择，非专业人士不要参与难度大、要求高的探险活动。

第三，增强探险旅游的安全意识，做好身体、心理、知识、装备的全方位准备。行前要关注目的地的气象信息，了解有关救生常识，加强体能锻炼，装备充足。

第四，行前要制定突发事件应对方案。设计线路尽量靠近公路，保证救援人员能够及时到达。尽量选择村庄和登山大本营等作为宿营地，尽量不安排露营。有任何身体不适应立即休息，不要继续前进。

第五，探险旅游也有"雷池"和"禁区"。广大游客要自律，不能去的地方不去。探险的同时保护自然和人文生态环境，不任意丢弃垃圾，尊重当地民俗风情和宗教信仰。

第六，出游前，应咨询专业人士尽量选择购买能够承保所参与项目的个人保险，保障自己的人身和财产安全。

051 精美的网页竟是噩梦的开始

案例

每天在网上冲浪，寻找"秒杀"的机会，成为当下许多大学生业余时间的主要"工作内容"之一。大二女生小华与室友选中了一家"知名国际旅行社（有旅行社相关资质和许可证编号）"，并且幸运地"秒杀"到了价格标为300元的旅游线路，这让两人兴奋不已，因为两个人足足便宜了500元。小华与在线人员确认好了价格，通过网银支付了团款。仅凭借着网络上对这家旅行社的宣传和诱人的价格，让小华没有任何防备地选择了出行。

网络时代的便捷是显而易见的，但是，意外发生了。旅行社合同中所提到的"宾馆"却是一家"廉价之极"的厕所及浴室皆为公用的"居民区"。旅游第一晚，当小华在公共浴室沐浴后裹着毛巾返回房间后，同伴即去沐浴，只剩下小华一人在房内，房门虚掩着。这时，一名推着手推车送货的男子经过时发现独自一人在屋的小华，竟推门闯入威吓小华并将其强奸。同伴返回知悉后，向当地警方报案，警方将疑犯抓获。但是，因此而给小华带来的这场噩梦却挥之不去。

事后经过警方调查了解，这个网站的经营者是一家"挂靠"经营的"非正规"旅行社，以低价招徕游客，干扰市场竞争，低端的服务和接待间接地导致了不该发生的上述一幕。

条款

第四十八条　通过网络经营旅行社业务的，应当依法取得旅行社业务经营许可，并在其网站主页的显著位置标明其业务经营许可证信息。

发布旅游经营信息的网站，应当保证其信息真实、准确。

解读

网络旅游经营只是经营者的一种模式，因其不通过门店销售产品，对其资质是否合法性正确判定非常关键。目前，一些旅行社以旅游业界俗称的"承包挂靠"等形式非法转让旅行社业务经营许可，这种行为使大量原本没有取得旅行社业务经营资质的企业或个人，非法从事旅行社业务，损害了合法、正规取得许可的旅行社的利益，也导致旅游者权益受损现象频频出现。

本案中，小华在网络上看到旅行社具有相关的资质，却没有经过确认，不了解其是否为正规、合法的旅行社企业，如果"非正规"旅行社在网站旅行社经营中"非正规经营"，最容易受到损害的就是游客。为此，给予游客以下提示：

第一，看清资质，不图便宜。建议游客一定要看好旅行社的资质，网络上的内容可以进行参考，但更要实地进行考察，签署正规的旅游合同。

第二，女性要有自我保护意识。年轻人尤其是独自出游的女性，一定要注意安全方面的细节，比如尽量不要独来独往，不要深夜外出，外出一定要注意着装并切忌裸露，不要随意和陌生人交谈，不要轻易到山高、水急、林密、僻远的地方独行等。

第三，该留意的一定要留意。入住酒店要把房门锁好，出入时一定留意是不是有人跟在身后，突遇危险要想办法自救和求救，并尽量看清记住不法分子的相貌特征并保存有关证据，以便警方将其绳之以法。

052 打造"平安之家"

案例

一家五星级酒店筹备开业在即，为确保该酒店的内部设施符合国家消防安全技术规范要求，消防部门多次派出消防执法监督人员上门服务，对酒店的消防工程和内部装修装饰工程提供消防技术指导，力求不留下任何"先天性"消防安全隐患，以免对今后入住的国内外游客的生命财产安全构成威胁。

消防执法监督人员对开业前的消防安全审查，在实地查看消防控制室、泵房、安全出口、疏散通道、疏散指示标识和消防器材等消防设施，测试火灾自动报警系统、火灾自动喷水灭火系统、防火卷帘等运行情况后，消防执法监督人员认真查看了酒店消防安全组织建设情况和消防安全管理制度制定情况。发现消防设施不合格或不规范之处，消防执法监督人员都要求立即整改，必须在开业前达到合格标准。

在检查中，消防执法监督人员要求酒店负责人进一步完善消防安全管理制度，员工上岗前必须经过消防安全培训，指定专人做好消防设施维护保养工作。消防执法人员表示如果对消防工作有疑问或需要消防部门指导培训，及时与消防部门联系，消防部门将会全力以赴，积极提供技术支持和消防安全教育培训，帮助酒店做好消防安全工作。认真地检查，为酒店消除了开业之前的火灾隐患,确保了酒店的安全经营。

条款

第四十九条 为旅游者提供交通、住宿、餐饮、娱乐等服务的经营者,应当符合法律、法规规定的要求,按照合同约定履行义务。

解读

《旅游法》第四十九条是对交通、住宿、餐饮、娱乐等经营者为旅游者提供服务的衔接性规定。《旅游法》作为一部综合性法律,在考虑旅游业特殊性的基础上,注重与相关法律法规的衔接。旅游经营者只有共同遵守本法的相关规定,才能保障旅游经营规范、有序。因此,其提供相关服务的经营行为应当遵本法第四十六条至第五十六条、第七十九条至第八十一条的有关规定。同时,这些经营者如果作为与旅行社存在合同关系的履行辅助人,其还应当遵守本法第五章旅游合同的有关规定。各行业经营者要认真研讨《消费者权益保护法》、《合同法》、《产品质量法》、《安全生产法》、《消防法》、《突发事件应对法》、《民法通则》、《合同法》等相关法律与法规。

053 "星"不见了

案例

合同上标注的是"三星级酒店",到目的地之后却住进了所谓的准三星级酒店。气愤的黄先生冲着电话大声地埋怨着，对方正是组团社前台销售人员。

前台销售人员态度很好，一直向黄先生赔礼道歉，并说马上给予解决，她会马上与计调进行沟通，她负责前台线路销售，但后台如何操作行程还要与计调沟通完才能给黄先生回复。黄先生一遍遍地重复着："当时与你们旅行社签合同的时候，看重的是酒店住宿条件还可以，'三星级酒店双人标准间'，但是现在你看一看，这是什么酒店，连个星级牌子都没有，酒店装饰比较陈旧，各方面的服务都不像是三星级，到前台一问，才知道我们所住的只是个准三星，国家旅游局也从来没有给酒店挂过牌子，这不是欺诈行为吗？"黄先生气愤地说。黄先生所说的这家酒店位置还不错，但酒店装饰确如黄先生所说的比较陈旧，就连烧水的电热壶上也布满水锈。

条款

第五十条　旅游经营者取得相关质量标准等级的，其设施和服务不得低于相应标准；未取得质量标准等级的，不得使用相关质量等级的称谓和标识。

解读

本例中，游客"一针见血"地指出了旅行社存在的主要问题，合同中所提及的酒店标准与实际情况不符。在合同签署中，一定要注意一些"文字游戏"，如"相当于、准几星"等字眼都不符合标准的合同签订标准要求。在《旅游法》中规定，旅行社应标明具体备选的几家酒店的名称和住宿的标准，"含糊"的字眼是对消费者权益的一种侵害。如因提前和游客签订旅游合同，各地酒店不能确定的，可以在行程中列出几个当地住宿同等级酒店的名称，最后出行时，入住的酒店在备选的几个酒店范围内即可，但超出此范围即视违反《旅游法》。例如，住宿酒店——ABCD，如出行时入住酒店为E，即视作违反《旅游法》和《合同法》。

目前，我国旅游业标准绝大多数是质量标准，不涉及划分等级。属于质量等级标准的如《旅游饭店星级的划分与评定》(GB/T 14308—2012)，旅游者常常会依据此标准来判定旅游合同中酒店的"星级"是否真实。而旅游经营者通过此质量标准等级的获得，也证明和代表了其产品和服务质量达到了一定的美誉度和识别度。任何冒充或者虚假的隐瞒，均属于对消费者的欺诈行为。

054 一张纸引发的"地震"

案例

2011年3月30日，一张"佣金分配表"，一份"杭州2日游+宋城导游计划单"，被一个粗心导游遗落在清河坊。"蚕丝被，佣金200元/床；上海刀具、貔貅、羊毛衫，佣金30%；茶叶，佣金40%；紫砂、珍珠、菊花，佣金50%……"两张小小的表格，却引发了杭州乃至全国旅游业界的"地震"。

条款

第五十一条　旅游经营者销售、购买商品或者服务，不得给予或者收受贿赂。

解读

自"零负团费"兴起至今已数十年了，早已超出任何旅行社、导游的控制，形成了旅游市场的"行规"、"潜规则"。然而，在这个"潜规则"中，没有赢家。组团社因旅游服务品质下降而商誉受损，旅游者数量下降、业绩下滑。地接社因市场竞争而不得不拿出越来越多的买团费，导游人员不仅违背自己的职业良知、遭受内心的谴责，而且也越来越面临因触犯《刑法》、构成商业贿赂罪，而锒铛入狱的危险。

《旅游法》第三十五条第二款规定，旅行社不能指定具体购物场所，除非是旅游者主动提出购物要求的。非法购物点向旅行社或导游支付回扣，行为严重的话就成为了商业贿赂罪，购物点是行贿方。若导游收受5000元至2万元回扣，属于数额较大的商务贿赂，可依法可判处3年以下有期徒刑。

055 我的"隐私"没有了

案例

"办一次签证什么隐私都没了！"王女士气愤地来到某国际旅行社投诉。"十一"期间她出国旅游了一趟，最近手机常收到各商场的打折信息以及投资公司电话，她担心是在办签证时，旅行社将她的个人资料给泄露了。

目前，美国、澳大利亚、新西兰以及欧洲大部分国家，都要求中国公民提供详细的个人信息和财产状况才能给予出签。而旅行社为了提高"过签率"，往往要求提供的资料比领事馆还要多。

以王女士参加了欧洲4国10日游为例，旅行社要求她提供的资料多达几十页，除了个人照片以及护照、身份证、户口本、结婚证（或离婚证）复印件外，还要求提供至少有 5 万元现金结余存折复印件（有近半年的交易清单）、房产证、汽车行驶证、股票、银行对账单（原件并盖章）、股权证等，更离谱的是，配偶财产证明、儿女资料、全家照片等都要提供。

其实，旅行社不是刻意要了解客户信息，主要是为了提高"过签率"，因为客户提供的材料越全面，"过签率"就越高。许多出境旅行社证件管理非常严格，经办人拿到游客资料后，会将资料统一锁进保险箱，再由旅行社统一送签。王女士的担心有其一定的理由，也提示业内人士，加强旅游者个人信息保护的重要性。

条款

第五十二条 旅游经营者对其在经营活动中知悉的旅游者个人信息，应当予以保密。

解读

在信息时代，信息的价值非常大，商业利益的驱使让不少人想尽办法窃取公民的个人信息，尤其是当这些信息缺乏有效保护时。同时，信息泄露带来的不仅仅是经济利益问题，它甚至会带来严重的社会问题。

旅游者个人信息，即直接或间接识别旅游者本人身份的信息，包括旅游者非常在意的个人身份证号码、家庭或单位地址、电话号码、家庭状况等信息。旅游经营者应当严格保守游客的个人信息安全，采取技术措施和其他必要措施，确保信息安全，避免旅游者的损失。经营者更应该对企业内部的员工进行员工管理和教育，防止从业人员窃取旅游者个人信息。旅游经营者泄露个人信息给旅游者造成伤害的，应承担相应的法律责任。本案例中，王女士给大家敲响了警钟，不断完善和加强旅行社行业管理，切实保护旅游者合法权益是旅行社的职责。

056 只因身在"景区"中

案例

"太空球"是通体透明的圆球,直径 2.8 米的外球和 2 米的内球之间充满空气,乘坐者钻入其中,从稍有坡度的草坪上翻滚而下。2013 年"十一"长假期间,王先生在某森林公园的游乐场玩"悠波球"时,因"太空球"充气较足弹跳太高,球体剧烈颠簸,固定刘先生的安全带忽然断裂,造成他的右腿、左肩等多处摔伤。经过多次治疗后,刘先生的伤最终被鉴定为 9 级伤残。

事后,刘先生找森林公园及"太空球"项目的经营者索赔,未能协商一致,于是将二者告上了法庭,要求二被告共同赔偿 278 402 元。庭审中,"太空球"的经营者对于承担赔偿责任并无异议,但认为森林公园也应当承担部分责任。而森林公园辩称,景区面积非常大,里面有许多个体户在经营户外游乐项目。刘先生购买门票,但仅仅是允许他可以进入公园参观游玩,并不包括自费游乐项目。

条款

第五十四条 景区、住宿经营者将其部分经营项目或者场地交由他人从事住宿、餐饮、购物、游览、娱乐、旅游交通等经营的,应当对实际经营者的经营行为给旅游者造成的损害承担连带责任。

解读

《旅游法》第五十四条是关于景区、住宿经营者应对实际经营者造成旅游者的损失承担连带责任的规定。旅游者在接受服务过程中人身、财产受到侵害，往往得不到及时和有效的帮助，主要原因就是景区和经营者之间互相推诿。

游乐场作为公共娱乐场所，其经营管理者应当负有保障游客人身、财产安全的义务和责任，未尽到安全保障义务造成游客人身财产损害的，应承担法律责任。王先生在被告经营的"太空球"中玩耍时，因安全带断裂而受伤，经营者杨某应当承担侵权赔偿责任。此外，森林公园对整个景区负有管理职责，且杨某与森林公园签订有经营收益按比例分配的开发协议。此外，"太空球"游乐项目的门票本身也是由森林公园统一对外发售的。因此，对于"太空球"项目，双方实际是共同经营，森林公园在经营过程中是获取了一定利益的，其辩称不应当承担责任的理由不能成立。

旅游景区承担的安全保障义务，首先源于法律法规的规定。《中华人民共和国安全生产法》、《风景名胜区条例》、《旅游安全管理暂行办法》及地方旅游管理条例，都对景区的安全管理作了详细的规定。旅游经营者应按法律法规的规定健全安全管理制度，配备必要的安全设备和设施，建立安全的游览环境。安全管理规定是景区保障游客安全最低限度的强制性要求，违反该规定会招致行政处罚、民事赔偿。其次，安全保障义务来自诚实信用原则。诚实信用原则是道德观念的法律化，要求民事主体应善意地履行义务、行使权利，不得损害他人和社会利益。景区经营者应以游客为中心，想游客所想，急游客所急，消除任何潜在的危险，为游客提供安全和舒适的游览环境。

057 黄山加强景区业户管理

案例

黄山风景区紧紧围绕加快打造国际精品旅游景区、建设世界一流旅游目的地目标，按照"科学规划、统一管理、严格保护、永续利用"的方针，健全四个体系建设。

第一，制度规范体系。为加强对景区旅游企业、工商棚、经营摊点和轿包队的管理，结合黄山实际制定了《抬轿、挑包服务管理办法》《个体工商户管理办法》《消费投诉快速反应机制暂行办法》《旅游投诉先行赔偿办法》等一系列制度和规范，对经营场所和人员实行"三定"（定人、定位、定经营范围），严格做到"四统一"（统一服装、统一标示、统一经营、统一管理），促进规范管理、文明经营。

第二，诚信经营体系。要求各经营企业和经营户不得销售"三无"产品、假冒伪劣商品、不合格食品、松木制品及其他损害消费者权益的商品，切实做到诚信经营、守法经营。

第三，价格监管体系。一是所有商品实行明码标价，与各经营单位签订《明码标价承诺书》，要求经营人员作出书面承诺，切实加强自律意识，维护游客的合法权益。二是必需商品实行指导价格。对雨衣、防滑鞋、矿泉水等游客需求量大、容易引起价格纠纷的旅游必需品，实行政府指导价管理。在恶劣天气情况下，景区管理部门及时采购大批商品货源，如钉鞋等，按指导价投放市场，利用市场机制平抑价格。三是对轿包服务实行最高限价。合理设置站点，分路段标价，实行轿包服务最高限价管理，并在景区重要的游客集散点以及每顶轿的轿背上实行公示。四是实行价格备案防止纠纷。备案的内容包括各种房型价格、家常菜价格、出租大衣收费、临时加床收费以及桑拿、按摩、足浴、卡拉OK收费等，增强了监管部门介入价格管理的主动性，有效维护景区市场价格秩序。

第四，品质保障体系。大力推行旅游标准化建设。目前，景区共制定旅游企业服务标准7034项，其中两项标准被推荐为国家标准，建立了规范统一、协调配合、层次清晰、科学合理、全面完善、实用有效的标准体系，形成具有黄山特色的标准模式。

条款

第五十四条 景区、住宿经营者将其部分经营项目或者场地交由他人从事住宿、餐饮、购物、游览、娱乐、旅游交通等经营的，应当对实际经营者的经营行为给旅游者造成的损害承担连带责任。

解读

《旅游法》第五十四条的主要意义在于，一方面扩大旅游者的索赔对象范围，避免责任方互相推诿；另一方面也提高了景区以及住宿经营者对合作对象的监督力度，甄选或更为严格。

游客进入景区与景区建立旅游服务合同关系，在景区受到伤害的游客可提起违约之诉。最高人民法院的《关于审理人身损害赔偿案件适用法律若干问题的解释》确立了景区经营者的安全保障义务，景区未履行该义务，致游客伤亡，应承担侵权责任，为此，游客也可提起侵权之诉。

景区的侵权行为有两种类型：一是景区因有瑕疵的设施设备或不当服务

行为致游客遭受人身损害，景区的行为与游客伤害之间具有直接因果关系；二是景区未能制止第三人（经营业户、其他自然人）对游客的伤害，景区的不作为行为与游客伤害之间具有间接因果关系。不管哪种情形，景区均对其未尽合理限度范围内的过错行为承担责任，没有过错不承担责任。判断景区是否有过错的标准，是看景区是否按法律法规的规定进行安全管理，是否善意、谨慎提供旅游服务。

第六部分
详签合同　保障权益

058 "内部价"原来是陷阱

案例

何先生一家准备到欧洲旅游,但旅行社众多,选择哪家更好呢?朋友向他推荐了某国际旅行社员工小平。小平称,何先生是朋友介绍的,可以以"内部员工价"让其和家人出行,价格实惠,只是市场销售价格的一半。于是,在低价和朋友介绍的基础上,不经考虑,何先生就将团费、手续费和出境游保证金一并转账到了小平提供的私人银行账户里。眼看出团时间就要到了,何先生却没有旅行社的通知,去旅行社查询,却发现自己根本不在旅行团的游客名单上。何先生即向当地旅游部门投诉。

经查,小平操纵的"内部低价团"已运行一年,涉嫌诈骗。其系该旅行社离职员工,利用其在旅行社工作期间的人际关系,假借该社员工身份,以"内部员工价"做幌子招徕游客,要求游客提前半年到一年报团,将团费和保证金划转到其私人账户里。小平采取"拆东墙补西墙"的手段,用后续收到的团款弥补之前的亏空,骗取游客信任,诈骗团费,套取现金,最终因游客无法如约成团出行而事发。

条款

第五十七条 旅行社组织和安排旅游活动,应当与旅游者订立合同。

解读

旅行社组织、安排旅游活动，是其作为经营者向旅游者提供以营利为目的的服务，双方的权利义务关系必须通过订立合同作出明确和规范，并以此约束双方的行为。本案中，游客相信了小平的"内部价格"，没有正式地签订合约。《旅游法》提示游客，旅行社在从事相关经营活动时，必须要与旅游者订立合同，这是对双方权益的保护。

此外，向游客提出如下警示：

第一，《旅游法》规定：旅行社不得以不合理的低价组织旅游活动。旅游者如遇不合理报价，应增强风险意识，克服贪图便宜心理，向旅行社多方咨询，不要只听一面之词。

第二，旅游者应在与旅游经营者订立包价旅游合同后向其交付旅游费用，切勿向个人转账汇款，谨防上当受骗。

第三，各旅行社应加强对旅游合同、发票、公章的管理，完善员工离职交接制度。

059 "有趣"的投诉

案例

英国《每日电讯报》利用英国旅游业者协会（ABTA）等提供的研究资料，总结了近年来英国游客最荒谬的 20 个投诉，这些投诉真是很"无厘头"，其中包括西班牙太多西班牙人、沙滩太白、海中鱼太多、印度吃太多咖喱等，一个比一个滑稽可笑。看过这个投诉排行榜，不知道是该评价英国游客过分认真，还是应该说其实英国人身上也有幽默感。不过，能有这样意想不到的投诉，也能算得上是旅游界的奇闻了。

一位英国游客到西班牙旅游，投诉当地的店铺下午关门，认为西班牙做生意的人实在是太懒惰了。同样的事情，也发生在中国游客身上。近些年来，我国出境旅游快速增长，对于购物狂来说，如果去到诸如西班牙"橄榄油之都"哈恩以及意大利的奥尔比亚等地，实在是买得不过瘾。因为当地店铺普遍下午2点便会关门"小休"，直至黄昏时的五六点钟才重新开门，然后晚上8点又会收工，算起来一天才开几个小时，和许多大城市的店铺一天开至少12小时完全不同。据说，有些地方的店铺之所以有这样的作息时间，是因为当天下午天气炎热，尤其是夏天更是如此，当然也有原因是当地人懒散的生活习惯所致。不过，这个投诉其实还是有一定道理的，作为游客，谁不想店铺随时迎候？

像欧洲国家，餐厅营业时间不到，客人只能在外等候，无论游客有多少，到了闭店时间和遇到节假日，大门紧关，风雨无阻。这样，导致游客认为"自由活动的时间"无处可去，建议旅行社要提供"常年无休"的商家购物。

条款

第五十八条　包价旅游合同应当采用书面形式，包括下列内容：

（一）旅行社、旅游者的基本信息；

（二）旅游行程安排；

（三）旅游团成团的最低人数；

（四）交通、住宿、餐饮等旅游服务安排和标准；

（五）游览、娱乐等项目的具体内容和时间；

（六）自由活动时间安排；

（七）旅游费用及其交纳的期限和方式；

（八）违约责任和解决纠纷的方式；

（九）法律、法规规定和双方约定的其他事项。

订立包价旅游合同时，旅行社应向旅游者详细说明前款第二项至第八项所载内容。

解读

关于包价旅游，各国立法称谓有所不同。德国和日本称为"旅行契约"、"旅游契约"；欧盟称之为"一揽子包价旅游合同"，英美国家多称为"一揽子旅行"、"一揽子旅游"、"一揽子度假"等，以突出旅游由多项给付结合的特征；《关于包价旅游合同的布鲁塞尔公约》则称之为"组织包价旅游合同"，突出旅游经营者组织旅游活动的行为特征；我国旅游界习惯上将此种合同称为"包价旅游合同"，侧重强调旅游的总价支付特征。《旅游法》采纳了这一名称，强调的也是招徕、组织、提供多项服务、总价支付的特征。本案例提示我们，境外旅游因风俗和习惯不同，合同签订的过程中，参观时间、自由活动时间都有明确要求。建议各旅行社要结合所到目的地国家的实际情况向游客做好说明工作，签约时进行特殊的标注。

060 谁动了我的行程

案例

赵女士家住泰安。清明节期间，她与泰安某旅行社签订了旅游合同，并确认旅游行程：旅游线路为"蓬莱阁仙人入海处"一日游。随后，泰安某旅行社又委托蓬莱某旅行社接待赵女士一行。

旅游开始后，赵女士发现，目的地并不是蓬莱阁，而是旅游行程表上的某购物店。赵女士提出，《旅游法》实施以来，多数旅行社不再有购物的行程，但是，这一团旅行社提出，如果游客同意到购物店，在团费上可以有一些优惠，为了节约一些团费，同行的客人都签了字，认可了"景点＋购物"的旅游行程。

旅游开始后，首站去的不是景点，而是购物店。赵女士一行不满意，导游的说法为："这里离购物店比较近，等在购物店逛完了再去蓬莱阁，两边都不会耽误。"就这样，旅游团在购物店里逛了好长时间，然后才出发前往蓬莱阁。赵女士等人在蓬莱阁玩得不尽兴。

第二天，赵女士以"旅行社变更旅游行程顺序，导致其未充分游览蓬莱阁"为由，向旅游部门投诉并要求赔偿。

条款

第五十九条　旅行社应当在旅游行程开始前向旅游者提供旅游行程单。旅游行程单是包价旅游合同的组成部分。

解读

旅游行程表是对旅游行程中具体服务内容的细化约定,旅行社为游客提供行程单是其义务,在与旅行社签订好旅游合同后,应当在签订合约的同时,将行程单作为合同的一部分。游客应索要相应的旅游行程表,与旅行社双方签字确认;如旅行社及其工作人员存在擅自增加或减少旅游项目、擅自变更旅游项目、延长约定的购物时间等违约行为,可依据旅游合同及旅游行程表维护自身合法权益。如旅行社未在旅游行程开始前向旅游者提供行程单的,属于违反合同义务的行为。如旅行社提供的旅游服务与旅游行程单载明不一致,旅行社应承担相应的违约责任。

061 你了解保险吗

案例

"你们旅行社不是有一个'旅行社责任险'吗?还买什么别的险啊!别往上加钱了,没必要,也不需要。"12月22日下午,杭州某旅行社门市,正准备签合同的刘先生拒绝了旅行社向他推荐的"旅游者人身意外险"。由于要在圣诞节之际带着家人一起出游香港,刘先生更看重酒店的品质,当地有什么好吃的、好玩的景点。但对于该上什么样的旅游保险,他却并不挂在心上。据调查,有7成左右的游客根本不投保人身意外险,约有9成游客分不清旅行社责任险和游客人身意外险的区别。

条款

第六十一条 旅行社应当提示参加团队旅游的旅游者按照规定投保人身意外伤害保险。

解读

《旅游法》第六十一条是关于旅行社对旅游者投保提示义务的规定。旅游活动中特殊意外的情形时有发生。特别是由于不可抗力因素等引起的损害，往往无法通过损害赔偿责任获得救济。因此，有必要通过保险的方式来分散风险。当前，我国旅游者投保人身意外险的意识正在提高，旅行社有义务进行提示和宣传。

需要特别说明的是，人身意外伤害保险的赔付，是以被保险人受到伤害的结果为前提，并不考虑受到伤害的原因，极大保障了旅游者的利益，这与旅行社责任险只在旅行社错的前提下才支付赔偿有根本的不同。另外，旅行社销售人员通常对旅游线路和产品滔滔不绝，但问及保险业务相关理赔内容或所保险承担的范围有哪些时，许多工作人员都哑口无言。所以，在提示游客购买保险的同时，工作人员更应该加强综合业务知识的提升。

062 防不胜防

案例

又到了毕业季,为了纪念青春,某大学全班同学自发组织了一次渤海湾度假之旅。在与旅行社进行线路咨询时,多数同学都对水上项目非常感兴趣。经过几天的商榷,最终确定了行程。在签约的时候,前台销售王敏与同学们对本次行程的特别告知事项进行了说明:

(1)参团项目含漂流,身高不超1.4米的不可以参加此项目。

(2)自费参加一些项目时,要认真核对商家的资质和安全性。

(3)如果身体不适合参加一些水上项目,要提前告诉导游,以免意外情况出现。

同学们在一起度过了快乐的时光,最后一天为自由活动,有些同学提议乘坐快艇出海游览。导游以不安全为由劝阻无效后,要求游客写下了"如出事故,后果自负"的书面证明。班长代替全班同学与快艇旅游公司达成协议,十几位同学分乘几艘快艇出海游览。

下午,乘坐8人的一艘快艇发生沉船事故。快艇公司接到呼叫后立即施救,将游客送到附近医院。一名游客经抢救无效死亡,其他7人无碍。事故发生后,海事部门立即进行了事故善后和调查处理工作,旅游部门也启动了应急预案,协助善后处理。

经调查,事故原因是快艇的动力桨被海上养殖阀绳缠住,发动机突然减速、熄火。由于惯性作用，船体后部下沉，海水涌进船舱，使整个船体沉没。快艇经营者和驾驶员由于疏忽大意，驶离航道，承担主要责任。旅行社没有直接责任。经协商，快艇公司对死亡游客家属和其他7名游客给予一次性经济赔偿，事故得以妥善处理。海事部门给予快艇公司吊销经营资质的处罚。

条款

第六十二条　订立包价旅游合同时，旅行社应当向旅游者告知下列事项：
（一）旅游者不适合参加旅游活动的情形；
（二）旅游活动中的安全注意事项；
（三）旅行社依法可以减免责任的信息；
（四）旅游者应当注意的旅游目的地相关法律、法规和风俗习惯、宗教禁忌，依照中国法律不宜参加的活动等；
（五）法律、法规规定的其他应当告知的事项。
在包价旅游合同履行中，遇有前款规定事项的，旅行社也应当告知旅游者。

解读

本案中，快艇活动的参加，是游客在自由活动期间自愿参与的。事前旅行社和导游员分别对出游安全进行了介绍，把风险和有关注意事项讲得非常清楚，导游还要求游客签署了书面协议，但是意外还是出现了。

《旅游法》第六十二条是关于旅行社在包价旅游合同订立时和履行中相关事项告知义务的规定。为了保障旅游者的安全和旅游活动的顺利进行，对一些涉及人身、财产安全的注意事项要进行告知是非常必要的；同时，向旅游者告知旅行社法定的责任减免事项，则能够强化旅游者自我保护的意识。旅行社如未尽到上述告知义务的，一旦发生事故，应承担相应的过错责任。

063 绷紧安全这根"弦"

案例一

夏季是旅游者集中出游的黄金期，也是洪涝、山体滑坡、泥石流等各类突发性地质灾害的高发期，安全隐患相对较多。2013年夏季，已发生多起因恶劣天气导致游客伤亡的惨剧：云南西双版纳州旅游大巴侧翻坠入公路旁的山谷，造成8名游客死亡、19名游客受伤；广西金秀瑶族自治县8名坐船漂流的游客因暴雨溺水身亡，5名游客受伤……

案例二

杨女士参加某国际旅行社组织的出境旅游。签订旅游合同时，该国际旅行社对旅游目的地的有关法律、法规及安全注意事项进行了说明，杨女士沉浸在即将踏上旅途的兴奋中，对工作人员的提醒没往心里去。到达目的地国家当晚，杨女士办理完入住手续后，在未向领队告知的情况下，与同团游客外出，横穿马路时违反交通法规遭遇车祸，当场死亡。

条款

第六十二条 订立包价旅游合同时，旅行社应当向旅游者告知下列事项：

（一）旅游者不适合参加旅游活动的情形；

（二）旅游活动中的安全注意事项；

……

解读

在危及旅游安全的诸多因素中，交通事故位列首位。近几年，中国游客在境外发生的交通事故，有驾驶员操作不当的原因，也有游客因闯红灯等违反交通法规的行为而酿成的惨剧。旅游者应增强法律意识，时刻绷紧安全这根"弦"。安全是旅游的生命线，为保障广大旅游者的安全，旅行社和旅游交通部门要注意以下事项：

第一，旅游经营者应当严格执行安全生产管理和消防安全管理的法律、法规和国家标准、行业标准，具备相应的安全生产条件，制定旅游者安全保护制度和应急预案。

第二，旅游经营者应对经营的旅游项目和旅游产品运营进行安全评估。如遇有气候变化可能影响旅游者安全时，应及时采取相应措施防范或暂停运营。

第三，旅游经营者应当就旅游活动中的有关事项，以明示的方式事先向旅游者作出说明或者警示，包括正确使用相关设施、设备的方法，必要的安全防范和应急措施，未向旅游者开放的经营、服务场所和设施、设备，不适宜参加相关活动的群体以及可能危及旅游者人身、财产安全的其他情形。

第四，广大旅游者应增强安全意识，选择适合自身情况的旅游活动和线路。行前要关注目的地气象信息，了解有关救生常识，做好身体、心理、知识、装备的全方位准备。切勿盲目参与不适合自身情况的旅游项目和活动。

第五，选择自驾游的旅游者切忌疲劳驾驶、超速行驶。夏季气温高，容易疲劳，驾驶员应保持足够的睡眠时间，确保行车安全；同时，高温会使柏油路面软化，造成车轮与路面摩擦系数降低，制动性能下降，行驶中要注意控制车速，采取措施谨防不测。

第六，选择探险游的旅游者，应根据探险地环境、项目难易程度和自身健康状况选择探险旅游活动，非专业人士不要参与难度大、要求高的探险活动。自发组织的探险，最好选择有经验的专门的探险游教练，以便发生意外的时候能够得到专业、及时的救援。

第七，旅行社应在订立旅游合同时及行前说明会中，告知旅游者有关注意事项；旅游团队领队在带领旅游者旅行、游览过程中，应当就可能危及旅游者人身安全的情况，向旅游者作出真实说明和明确警示；旅游者应当遵守有关规定，服从领队的统一管理，确需独立外出应向领队说明情况。

第八，建议旅游者出行前购买人身意外伤害保险。可到专业保险公司或有资质的代理机构购买；购买时，请留意保险的保障范围。如在旅游过程中发生意外，应及时向保险公司或有关代理机构报案；到医院就医的，应妥善保存医院出具的诊断证明书及有关单据，这样才能获得相应的赔付。

064 一份退休礼物

案例

刚刚退休的王老师原计划参加9月初的"欧洲6国13日游"，但因为旅行社"组团人数不够"而泡了汤。王老师工作了一辈子，终于到了退休的年龄，想趁着身体还不错出国走走，女儿也想送给妈妈一份退休大礼，于是女儿陪同妈妈到某国际旅行社报名参加了9月初出发的"欧洲6国13日游"的精品线路，当时前台接待人员热情地接待了王老师并表示这个线路报名人很多。王老师交纳了全款，并按要求提供了办理签证所需要的所有手续，并签订了正式合同。

可是，在出发前20天的时候，旅行社打来电话说，由于旅行团"人数不够"无法成行。原来，王老师所报的这个旅游团中，有8人临时取消了旅游计划，导致人数不足而不能按时成行。

对此，王老师非常失望，选择其他线路和时间出行的意愿全都没有了。

条款

第六十三条　旅行社招徕旅游者组团旅游，因未达到约定人数不能出团的，组团社可以解除合同。但是，境内旅游应当至少提前七日通知旅游者，出境旅游应当至少提前三十日通知旅游者。

……

因未达到约定的成团人数解除合同的，组团社应当向旅游者退还已收取的全部费用。

解读

旅游者在招徕游客时，应当向游客明确说明最低成团人数以及不能成团时的处理方法；同时，处理方法要符合法律和法规规定，不得损害旅游者的权益。

包价旅游合同的价格与报名参团旅游者的人数多少相关。在预定的旅游行程开始前，旅行社能否招徕到预期人数的旅游者组成旅游团，属于不确定的因素；当旅行社不能招徕足够人数出游时，将面临赔钱的风险。为公平起见，《旅游法》第六十三条赋予旅行社在报名人数未达到事先约定成团人数的情况下，有解除合同或作出相应的处理的权利。

根据本条规定，未达到约定人数不能出团的法律效果有四个：

其一，旅行社可以直接解除包价合同，除退还旅游者报名费外，不承担违约责任。其二，经征得旅游者书面同意，可以委托其他旅行社履行包价旅游合同，即"转团"。但这一委托并不免除组团社的合同责任，组团社依然对旅游者承担责任。其三，旅游者不同意委托的，也可以解除合同。其四，无论是旅行社或游客解除合同，只要是因未达到约定的成团人数解除合同的，组团社都应当向旅游者退还已收取的全部费用。

065 被告上法庭的旅行社

案例

李朋与家人共 6 人在"喜乐会"旅行社报名参加"华东 5 市 6 日游"，与该旅行社签订了旅游合同，交纳了旅游费用，领取了旅游行程表。按照约定时间，李朋与家人到机场与其他团友一起集合。不料，到了机场后才发现，这个旅游团是由另一家旅行社组织的。这家旅行社导游张某告诉李朋，"喜乐会"旅行社因客观原因不能成团，已将李朋等 6 人转让给了他们旅行社。到了上海后，李朋发现，这家旅行社所安排的服务档次要比他们和"喜乐会"旅行社所约定的服务档次低。协议上规定住三星级酒店，实际上住的是二星级酒店；原定使用进口空调车，实际使用的是国产无空调车。返程后，李朋要求"喜乐会"旅行社赔偿损失。旅行社辩称，因组团人数不足，所以将李朋等 6 人转让给了另一家旅行社；旅行社并未从中赢利，而在这之后的旅游服务质量问题则是接待游客的旅行社没有按合同落实细节，应由后者来赔偿。

条款

第六十三条 ……

因未达到约定人数不能出团的,组团社经征得旅游者书面同意,可以委托其他旅行社履行合同。组团社对旅游者承担责任,受委托的旅行社对组团社承担责任。旅游者不同意的,可以解除合同。

因未达到约定的成团人数解除合同的,组团社应当向旅游者退还已收取的全部费用。

解读

本案是一起旅行社擅自将游客转让给其他旅行社而产生的旅游服务纠纷案件。本案中"喜乐会"旅行社的理由是不成立的,它不仅要承担违约责任,赔偿李朋等6位旅游者的经济损失,而且还将受到旅游行政管理部门的处罚。

《旅游法》第六十三条明确规定,旅行社因未达到约定人数不能成团,将已签约的旅游者转让给其他旅行社出团时,须征得旅游者的书面同意。旅游者与旅行社签订了合同,就意味着双方之间成立了旅游服务合同关系,依法成立的合同关系受国家法律的保护。双方当事人都必须严格履行约定,而不能擅自变更合同,否则就要承担违约责任。本案中,"喜乐会"旅行社在未经旅游者同意的情况下,擅自将旅游者转让给其他旅行社,其行为属于擅自变更合同,应承担违约责任。

在旅游活动中出现的服务档次与合同约定不符从而导致旅游者经济损失的,应由"喜乐会"旅行社向旅游者承担赔偿责任。合同具有相对性,违约责任只能在特定的当事人之间即存在合同关系的当事人之间发生,合同当事人以外的人不负违约责任。

根据《合同法》第一百二十一条之规定:"当事人一方因第三人的原因造成违约的,应当向对方承担违约责任。当事人一方和第三人之间的纠纷,依照法律规定或者按照约定解决。""喜乐会"旅行社与旅游者签订的合同合法有效,其在未经旅游者同意的情况下擅自变更合同,其行为已构成违约。本案中另一家旅行社是合同的第三人,"喜乐会"旅行社因其旅行社服务不够档次的原因造成违约,应由"喜乐会"旅行社向旅游者承担违约责任。具体赔偿数额参照《旅行社质量保证金赔偿试行标准》的有关规定,应退还旅游合同约定的旅游费用与实际花费的差额,并赔偿同额违约金。

066 我的旅游"被"做主

案例

"幸运儿"马洋在购买丰田轿车时,参加了企业组织的抽奖活动,结果中了头奖,4999元的旅游奖励送给了马洋。按照要求,马洋在抽奖现场签订了旅游合同和奖励合同,并按约定的时间到旅行社办理了相关旅游手续。马洋工作时间非常紧张,按丰田公司的要求,半个月之内要完成这次奖励活动,由于排不好时间,马洋与旅行社的人员沟通,可否让自己的妈妈参加,但却被告知,不可以换人,因为旅行社和丰田公司签订了协议,本奖励只限其本人使用。这让马洋纠结了,去还是不去呢?如果能让换人就好了,那样就两全其美了。

条款

第六十四条　旅游行程开始前,旅游者可以将包价旅游合同中自身的权利义务转让给第三人,旅行社没有正当理由的不得拒绝,因此增加的费用由旅游者和第三人承担。

解读

《旅游法》第六十四条赋予了旅游者较大的权利,即在出团前可以自由转让旅游权利,旅行社原则上也不得拒绝,特殊情况可拒绝。

旅游者转让自身合同权利义务的,需要符合两个要求:一是应当向旅行社提出转让的请求;二是应当在"旅游行程开始前"提出,旅游行程开始之后,旅游者即不能提出转让。同时,旅游者行使包价旅游合同的转让权也不是绝对的,旅行社如有正当、合理的理由,有权拒绝旅游者的转让请求。正当、合理的理由主要有两类:一是对应原报名者办理的相关服务、手续不能变更或者不能及时变更,如出团前已来不及为第三人办妥签证等;二是旅游活动对于旅游者的身份、资格等有特殊要求的,第三人并不具备相应身份、资格等,本例中的马洋正因为此情况,无法将他的旅游资格转给其母亲。

假如旅游者发生了替换,可能会发生旅游费用的增加,对于增加的部分,旅游者与第三人应当向旅游经营者进行补交。

067 奖励旅游因病告吹

案例

生物制药厂年度优秀职工表彰大会召开完毕,令大家兴奋的是,企业今年的奖励是携一位家属"海南双飞6日游"。这让所有的职工对获表彰的优秀职工羡慕不已。王工程师兢兢业业在一线工作了30多年,受表彰不是第一次了，但本次奖励可以带家属一同去旅游，这让王工程师非常激动，因为终于可以好好陪老伴了。工会负责人收集了本次海南6日游参团人员的信息，确认了出行人数和时间，在与旅行社商讨价格和服务内容后签订了旅游合同，并让旅行社销售人员到企业进行宣讲，对行程的具体安排进行了说明，万事俱备，只等出行了。

可是，意外情况突然发生，王工程师的老母亲病重，旅游去不成了，王工程师找到了工会说明了情况，工会负责人拿出了《企业奖励员工旅游细则》和旅游合同，其中都明确规定了，如因个人原因不能成行，所有损失将由个人承担。王工程师了解到海南之行的往返机票已经开票了，如果退票他和老伴都会产生1000多元的退票损失费。意外的损失让王工程师和老伴十分不解，我们还没有出行呢，怎么损失这么多呢，真是"好事"变"坏事"。

条款

第六十五条　旅游行程结束前，旅游者解除合同的，组团社应当在扣除必要的费用后，将余款退还旅游者。

解读

以南方航空公司为例，旅游团队退票政策为：航班起飞72小时前按10%，72小时内至起飞前中午12点前30%，12点后至航班起飞前按50%，起飞后不得退票。4折（含）以下，航班起飞前按50%，起飞后不得退票。

本例中，旅游行程虽然还没有开始，但机票因出票已产生了损失，不参加旅游活动中止合同是可以的，客人需要承担个人终止合同带来的损失。旅行社要向客人进行仔细的说明，退还相应的款项，这也体现了民法的公平原则。

包价旅游合同因旅游者行使合同解除权而终止时，包价旅游合同规定的旅游服务已经提供的部分，旅游者已经享受其利益，对于该部分，旅游者应当依据解除前的包价旅游合同支付相应的费用；对于尚未提供的旅游服务来讲，旅游经营者无须继续提供，旅游者也无须就未提供的服务向旅游经营者给付报酬。实践中，由于旅游行程开始前，旅游者已预交全部旅游费用，因此通常表现为旅游经营者向旅游者退还相关费用。

组团社应当在扣除必要的费用后，将余款退还旅游者。必要费用包括两部分：一是组团社已向地接社或者履行辅助人支付且不可退还的费用，二是旅游行程中已实际发生的费用。

068 一场森林大火

案例

2002年，俄罗斯首都莫斯科发生了一场森林大火，参加某旅行社俄罗斯7日游的39名国内游客，考虑到当地的安全及环境状况可能会对人身及财产安全造成影响，便以森林大火属不可抗力为由，向旅行社提出取消此次出行。随后，部分游客接到旅行社的通知，表示出行可以取消，但每人必须自行承担5700多元的费用。

据介绍，此次出行的团费为每人11 199元。旅行社解释称，因未接到旅游主管部门禁止出行的通知，所以，旅行社不认可森林大火可能成为其旅行合同无法履行的不可抗力，游客的行为属于单方违约。此外，旅行社替游客预订了航空公司的机票，而俄罗斯方地接社所安排的旅游事项也无法取消，因此不能全额退款。那么，损失到底要由谁来承担呢？

条款

第六十七条　因不可抗力或者旅行社、履行辅助人已尽合理注意义务仍不能避免的事件，影响旅游行程的，按照下列情形处理：

（一）合同不能继续履行的，旅行社和旅游者均可以解除合同。合同不能完全履行的，旅行社经向旅游者作出说明，可以在合理范围内变更合同；旅游者不同意变更的，可以解除合同。

（二）合同解除的，组团社应当在扣除已向地接社或者履行辅助人支付且不可退还的费用后，将余款退还旅游者；合同变更的，因此增加的费用由旅游者承担，减少的费用退还旅游者。

……

解读

《合同法》规定，不可抗力是指当事人不能预见、不能避免并且不能克服的客观情况。简言之，不可抗力是当事人不可抗拒的外来力量，是不受当事人意志左右、支配的自然现象和社会现象。上述事件中，森林大火属于自然原因形成，属于不可抗力范畴。

本例在《旅游法》出台前，处理时主要依据《团队出境旅游合同》中关于合同变更的规定：在行前遇到不可抗力或者意外事件的，取消行程的，由组团社向旅游者全额退还旅游费用（但应当扣除已发生的签证／签注费用）。已发生旅游费用的，应当由双方协商后合理分担。本例中的机票损失款是争议的焦点，依据实际情况，机票是在旅游合同签订之后，确认客人成行，旅行社按流程购买了出境机票，并无违约行为。即便游客以不可抗力为理由退团，该损失也应由游客承担。

《旅游法》出台后，依据第六十七条第（一）项，首先要判定，合同是否可以继续履行。如果不可抗力对合同的正常履行没有影响，也就是游客前往俄罗斯旅游的地点没有受到森林大火影响或影响较小，那么主张解除合同的一方即游客一定要承担违约责任，机票损失的费用要由其自理。

通常，不可抗力对合同履行的阻碍有以下 3 种情况：

（1）导致合同全部不能履行；

（2）导致合同部分不能履行；

（3）导致合同不能如期履行。

不可抗力作为一种客观情况，必须发生在合同成立后至合同不能履行前。俄罗斯森林大火作为不可抗力，影响的主要是双方的旅游合同，如果旅行社能够拿出充足证据证明其所支出的费用确与游客出游存在直接关系且属合理，那么该支出部分可以要求游客承担。游客和旅行社签订旅游服务合同，游客要单方解除合同，需要提供俄罗斯大火会对人的身体造成影响和伤害的证据。游客可搜集当地的气象报告、当地政府的官方报告、各国旅游部门对出行俄罗斯的提示和警告、各国媒体对俄罗斯当地环境的报道等资料，作为证据提供。

069 台风吹跑了我的行程

案例

梦想搭乘豪华邮轮去日本长崎、韩国济州岛旅游的赵先生一家，与旅行社签订了出境游合同，并交纳了团费。意外的事情是，旅行社却将济州岛游变更为冲绳岛游。按合同约定，赵先生和家人原来是要搭乘意大利歌诗达邮轮公司的轮船前往韩国济州岛，可是登船起航后才被告知韩国济州岛不能成行，此后失去人身自由被强行带往日本冲绳岛。不满这一安排的赵先生一家人将该旅行社告上法庭要求赔偿。

旅行社强调，济州岛海上发生台风是客观事实，轮船公司临时改变航线属不可抗力。在游客们启程前，旅行社也不知晓即将发生台风。为此，旅行社还提供了意大利歌诗达邮轮公司上海代表处的相关证明，并提出冲绳岛的团费要高于济州岛，旅行社变更行程是为了以"更好"的行程替代原计划的旅程。游客提出投诉，旅行社认为已尽努力挽回游客"损失"，不应再承担责任。

条款

第六十七条 因不可抗力或者旅行社、履行辅助人已尽合理注意义务仍不能避免的事件，影响旅游行程的，按照下列情形处理：

（一）合同不能继续履行的，旅行社和旅游者均可以解除合同。合同不能完全履行的，旅行社经向旅游者作出说明，可以在合理范围内变更合同；旅游者不同意变更的，可以解除合同。

（二）合同解除的，组团社应当在扣除已向地接社或者履行辅助人支付且不可退还的费用后，将余款退还旅游者；合同变更的，因此增加的费用由旅游者承担，减少的费用退还旅游者。

（三）危及旅游者人身、财产安全的，旅行社应当采取相应的安全措施，因此支出的费用，由旅行社与旅游者分担。

（四）造成旅游者滞留的，旅行社应当采取相应的安置措施。因此增加的食宿费用，由旅游者承担；增加的返程费用，由旅行社与旅游者分担。

解读

旅游服务合同的履行确实会受到天时、地利等诸多无法掌控的因素的影响，出境游尤甚。赵先生一家原定游览沿海地区受到强台风的影响，但台风来临之前，公众并不知晓台风的确切状况。旅行社提交的邮轮公司证明，证实了其事先并不知晓因台风封港事宜。

《旅游法》第六十七条明确了旅行社业务损失费的承担主体在游客，从而降低了旅行社的经营风险；但是，作为旅行社也不能因此而无所作为，一方面要及时通知游客，积极联系旅游辅助服务者来减轻可能造成的损失；另一方面也要保留、收集好相关费用损失的证据，从而作为"向游客退还余款"的依据。

旅游过程中经常出现因不可抗力而导致飞机晚点、邮轮推延等情形，此时，旅行社需要安排游客食宿、转换交通工具等，从而产生一部分在订立合同时未预料到的费用。该条明确了如果当事人协商变更行程，旅行社在征得游客的同意后，可以请求其分担增加的费用。如果有减少费用也要如数退还旅游者，保障旅游者的合法权益。

070 全额退款惹争议

案例

2004年12月29日，印度洋海啸发生后3天，携程旅行网即向游客承诺，对于受灾期间通过携程度假产品预订，正在普吉岛、马尔代夫两地旅游，已形成事实出游的客户，如觉未玩得尽兴，可以无条件获得全额退款。

携程全额退款的做法在业内引起轩然大波，许多海啸期间赴东南亚旅游行程受到拖累和干扰的游客，纷纷向上海组团旅行社提出同样全额退款要求。海啸期间组团去东南亚的上海春秋国旅、锦江旅游、商务国旅都接到游客提出的全额退款要求，有些游客甚至情绪激烈。

国内绝大多数旅行社对此次海啸事件的退赔政策为：已报名并交费欲前往马尔代夫、普吉岛等受灾地区出游但尚未成行的，可以全额退款。海啸期间正在上述地区旅游，事实上已经成行的，则不予退款。

如此一来，携程全额退款的做法立即引来旅游界同行的质疑，指责其"破坏行规"。根据国家旅游局发布的《国内旅游合同示范文本》和《上海市出境旅游合同示范文本》，两者对不可抗力导致的影响都有明确规定，即旅行社与旅游者订立合同后，因不可抗力不能履行合同的，根据不可抗力的影响，部分或者全部免除责任，但法律另有规定的除外。

条款

第六十七条　因不可抗力或者旅行社、履行辅助人已尽合理注意义务仍不能避免的事件，影响旅游行程的，按照下列情形处理：

（一）合同不能继续履行的，旅行社和旅游者均可以解除合同。合同不能完全履行的，旅行社经向旅游者作出说明，可以在合理范围内变更合同；旅游者不同意变更的，可以解除合同。

（二）合同解除的，组团社应当在扣除已向地接社或者履行辅助人支付且不可退还的费用后，将余款退还旅游者；合同变更的，因此增加的费用由旅游者承担，减少的费用退还旅游者。

（三）危及旅游者人身、财产安全的，旅行社应当采取相应的安全措施，因此支出的费用，由旅行社与旅游者分担。

（四）造成旅游者滞留的，旅行社应当采取相应的安置措施。因此增加的食宿费用，由旅游者承担；增加的返程费用，由旅行社与旅游者分担。

解读

据了解，此次海啸期间通过携程预订并参加普吉"自由行"的游客有20多人，而已经预订普吉岛、马尔代夫等灾情较为严重地区的自由行产品的则有200多人。

传统旅行社负责人皆认为，海啸期间游客在当地已经有所消费，这部分旅行费用不可能退还，如果按《旅游法》的解读，旅行社的作为是完全有据可依的。不过，当时携程的观点是：旅游服务公司的服务宗旨，就是让客户在旅游途中获得"一路享受"的感性体验，旅行度假是一个完整的过程，印度洋海啸虽属"天灾"，然而客观上确实给旅游者带来了极差的旅游体验，也阻碍了游客享用一个完整的自由行产品，全额退款也在情理之中。

携程这次举动，实际上是抓住机会作一次企业形象广告，短期来看有损失，但长远来看使游客对携程充满信心。类似"印度洋海啸"这种旅游危机事件的善后服务，能体现旅游服务商服务的理念和水准的差异，而且随着国内旅游业的迅猛发展，国外旅游业的介入，旅游行业之间的竞争愈演愈烈，服务理念的提升势在必行，相互间的竞争已经不能停留在初级的价格竞争阶段，新一轮的竞争要开始在服务的水准上做文章。

071 豪华游轮禁航后

案例

2011年9月，正值长江汛期，重庆东江实业有限公司所属的五星级豪华游轮——维多利亚凯琳轮及维多利亚凯莎轮正在按计划执行游览行程，但却突遇长江水位快速上涨，长江水道全面禁航，两艘游轮的行程被全部打乱，造成船上游客滞留及额外的经济损失。

针对此情况，重庆东江实业有限公司召开了紧急会议商讨对策。本来由于洪水导致的禁航是属于不可抗力的因素，公司可以不赔偿因为行程延误给客人造成的损失。但在公司管理层看来，能否妥善解决这一突发状况，事关公司的信用，更关系到中国长江旅游的金字招牌。

此时，其他公司的游轮都在纷纷与游客们协商退票事宜。消息传到会议室，有部门经理提出，是否也可以参照做退票处理。而公司领导则认为，要始终把"服务第一，宾客至上"放在首位。会议否定了退票等最简单而又不用负责任的解决方案，在最短的时间内制定出了应急预案。按照解决方案，公司用豪华大巴车将维多利亚凯莎轮上的190位客人从丰都运到了重庆。

旅游旺季的重庆，在不到一天的时间内找到一家能安排下190名客人的五星级酒店是很困难的。重庆东江实业有限公司所有人员一起出动，终于在索菲特酒店寻找到了需要的客房，公司马上支付定金，预定了全部房源。

码头、酒店大厅、豪华大巴上，到处都是重庆东江实业有限公司的工作人员，公司的总经理、部门经理和员工全体上阵，等到所有客人全部安顿完毕时，已是深夜。知道了真相的游客们，看着周围来回奔忙的公司员工，心里充满了感激并连声道谢。

　　因不可抗力导致了游轮停运，但在东江实业有限公司的努力下，游客的行程得以继续，为此，重庆东江实业有限公司额外支出费用12.5万元，公司全体人员24小时紧急动员，付出了大量的人力成本，终于圆满完成了应急预案。重庆东江实业有限公司之所以这么做，与公司秉承"宾客至上、服务第一"的服务宗旨和诚信经营服务的理念是分不开的。

条款

　　第六十七条　因不可抗力或者旅行社、履行辅助人已尽合理注意义务仍不能避免的事件，影响旅游行程的，按照下列情形处理：

　　（一）合同不能继续履行的，旅行社和旅游者均可以解除合同。合同不能完全履行的，旅行社经向旅游者作出说明，可以在合理范围内变更合同；旅游者不同意变更的，可以解除合同。

　　（二）合同解除的，组团社应当在扣除已向地接社或者履行辅助人支付且不可退还的费用后，将余款退还旅游者；合同变更的，因此增加的费用由旅游者承担，减少的费用退还旅游者。

　　（三）危及旅游者人身、财产安全的，旅行社应当采取相应的安全措施，因此支出的费用，由旅行社与旅游者分担。

　　（四）造成旅游者滞留的，旅行社应当采取相应的安置措施。因此增加的食宿费用，由旅游者承担；增加的返程费用，由旅行社与旅游者分担。

解读

　　我国《民法通则》第一百五十三条规定："不可抗力是指不能预见、不能避免并不能克服的客观情况。"通常包括地震、台风、洪水、海啸等自然灾害，也包括战争、骚乱、罢工等。除不可抗力外，合同履行过程中，还可能发生其他旅行社、履行辅助人已尽合理注意义务仍不能避免的事件，导致合同不能履行，或者合同虽能履行，但会产生对一方当事人极不公平的后果，则应允许变更合同或者解除合同。

本案例中旅行社并没有因为不可抗力因素影响停止旅游活动，反而是"想客人之所想，急客人之所急"，企业从信誉和口碑上着手，努力打造良好的服务，使游客在游轮停航的情况下，没有任何的经济损失，并且继续完成了后续的行程。遇到了守信誉、有担当的旅游企业，对于游客来说，的确是旅行过程中的一件幸事。旅游企业在激烈的竞争中不能一再强调经济利益最大化，而应把"服务"做到游客的"心坎"上，这样才可能顾客盈门，占领市场。

072 领队，请带我们回家

案例

2011年10月13日上午10时16分，印度尼西亚巴厘岛西南143公里处附近海域发生里氏6.8级地震，震源深度为10公里。印度尼西亚国家灾害管理机构官员称，地震损坏了当地度假区的一些建筑物，包括几家医院、庙宇和房屋。巴厘岛库塔地区的震感强烈，有的办公室大楼墙壁出现裂缝，人们纷纷从楼房内向外逃。但位于夏威夷的"太平洋海啸预警中心"未发出海啸预警。

地震发生后,正在当地参加旅行社组织的"巴厘岛浪漫6日度假游"的客人纷纷要求领队迅速带领大家返回国内。有的游客认为,巴厘岛发生地震,威胁到了旅游者的人身安全,属不可抗力,没有完成的行程,也应该退团款给客人。而旅行社则认为,地震尚未达到威胁到游客人身安全的地步,如果退团,游客的损失要自负。游客不同意,要求如果继续旅程,就要与旅行社签订合同,以保障人身安全。旅行社拒绝了游客的要求,最终双方就此事未能达成一致。

条款

第六十八条 旅游行程中解除合同的,旅行社应当协助旅游者返回出发地或者旅游者指定的合理地点。由于旅行社或者履行辅助人的原因导致合同解除的,返程费用由旅行社承担。

解读

本案例中,一方面,在确实尚未构成安全威胁的情况下,游客出于对自身安全的担心提出退团,属游客个人行为,理应自行承担所有的损失费用。印度尼西亚有关部门也未向中国游客提出安全警告,因此可以认为此次地震尚未对游客出游真正构成安全威胁,不应算作不可抗力。因此,如果游客因为担心自身安全而提出退团,就应该承担退团带来的损失,如提前返程机票(如机票不可改签)。另一方面,《合同法》中对不可抗力进行了严格的规定。所谓不可抗力必须具备不可预见性、不可避免性、不可克服性三个构成条件。如果意外事件造成的结果可以通过当事人的努力而得到克服,则不属于不可抗力。因此,旅行社在自己的努力范围内能够确保安全,相应地一旦出现了安全问题,旅行社就应承担责任;如果旅行社确实无法保证出团安全或者政府作出了安全警示,就要依据《合同法》,履行及时通知游客并在合理的期限内提出证明的法定义务。

在地震发生后，相对于普通游客，旅行社方作为信息和资源的优势占有者，应密切关注事态的发展，及时做好调查研究，以确保旅游团出行的安全。这是旅行社应尽的义务，如果没有履行这个义务，造成了游客人身财产损失，旅行社也要承担责任。自然灾害对旅游团的影响巨大，但自然灾害发生后是否就能作为不可抗力来对待，还应具体情况具体分析，不能一概而论。

如果旅游者中止行程，提前返程，相关费用分担问题可按以下方案执行：

一是旅游者因个人原因主动要求解除合同，或者旅行社根据本法第六十六条规定行使解除权的，返程费用由旅游者自己承担。

二是因不可抗力或者旅行社、履行辅助人已尽合理注意义务仍不能避免的事件，导致合同不能继续履行，或者旅游者不同意调整行程而解除合同的，应根据本法第六十七条，返程费用由旅行社与旅游者合理分担。

三是由于旅行社或履行辅助人的原因导致合同解除的，返程费用由旅行社承担。

073 随意更改的行程

案例

对于许多白领阶层来讲，假期是那样的弥足珍贵。工作10多年了，好不容易有了长达20天的年假，李小姐希望能通过一次出境旅游，给自己留下一个难忘回忆，这次她将目的地锁定在欧洲。

向来做事严谨和认真的李小姐，经过对多家品牌国际旅行社的对比，最终锁定了一家专门操作欧洲线路的旅行社。接待人员王丽非常热情地给李小姐作了精品线路介绍。最后，她挑中了威尼斯、罗马、佛罗伦萨、巴黎、因特拉肯等城市的10天8晚豪华游。确定行程后，李小姐便开始兴高采烈地准备行囊了。

转眼到了出发前第四天，李小姐收到旅行社发来的出团通知单，她惊诧地发现行程单上少了一个著名景点——佛罗伦萨，多了两个瑞士小城——伯尔尼和卢塞恩。李小姐急忙向王丽询问怎么回事，王丽说："所有行程以出团通知单为准。"根据出团通知单所示，原来30人的团增加到40人；路线、住宿地点都有变更。得知这一情况，李小姐有一种被欺骗的感觉，自己费尽心思挑了半天的团，竟然是这个样子。本来觉得这个团价格便宜，没想到旅行社为了解决成本而变更行程。

因尚未出团，对佛罗伦萨有一种向往情愫的李小姐希望旅行社更改行程，但遭拒绝。一怒之下，她开始了投诉，最终获得了旅行社现金1000元，代金券1000元的赔偿。

条款

第六十九条　旅行社应当按照包价旅游合同的约定履行义务，不得擅自变更旅游行程安排。

解读

当前，旅游者依法维护自身权益的意识大大提高，对旅游市场秩序的规范起到了积极的推动作用。旅游者与旅行社订立包价旅游合同，其目的是通过接受旅行社提供的服务，进而满足其精神享受的需求。

作为旅游者一方，通过在订立包价旅游合同时，完成团费的交纳，即已适当履行；而旅行社一方，除由于旅游者个人原因或不可抗力等客观因素可以解除、变更合同外，必须根据合同所约定的服务内容和标准，向旅游者提供其所承诺的相关服务，且不得降低档次、增减项目。实践中，一些旅行社对个别景点或行程内容进行"微调整"，没有经过游客同意，擅自变更损害了游客的基本权益。

074 "小包价"游的烦恼

案例

喜欢独来独往的陈先生去香港旅游，因为不愿意随着旅游团队出游，认为时间受限制，景点有局限性，便在朋友的介绍下，选择了"小包价"，即"机票＋酒店"的自助游产品，这种产品由旅行社代订交通和住宿，省去了陈先生不少时间，还节省了开支。旅行社前台销售人员得知陈先生不是首次去香港，没有过多地向他提示机场环境和注意事项，只是将飞机往返的具体时间和航班号及酒店具体的位置（不含早餐）等细节作了说明。

陈先生踏上了旅程，飞机落地香港后，由于有急事要先办理，托运的行李还需要到不同的航站楼领取，为了节约时间，他没有马上去取行李。待忙完来到行李领取处，却发现自己的名牌行李箱不翼而飞。陈先生遂向当地机场警方报案。警方根据监控录像，发现一男子取走了陈先生的行李箱，通过侦查将其拘捕。经搜查，该男子家中有十几个不同款式、不同型号的名牌行李箱，价格从数千元到万元不等，皆为其在机场窃取。一波三折后，找到了行李箱，自助游带来的烦恼却让他有点儿迷惑，是否下一次旅游选择有领队陪同会好一些呢？

条款

第七十条 ……

在旅游者自行安排旅游活动期间，旅行社未尽到安全提示、救助义务的，应当对旅游者的人身损害、财产损失承担相应责任。

解读

自助游是一种潮流，而且被越来越多的年轻人所认同。不过，自由随心的旅程也要注意保护好自己的贵重物品，提示如下：

第一，旅游者在旅游过程中，请看管好自己的行李物品，贵重物品、证件等随身携带，最好不要放在行李箱中，以防被盗或在运输中丢失。

第二，抵达目的地后，应尽快取回行李，以免给犯罪分子可乘之机。

第三，机场等交通枢纽单位应加强巡逻和安全检查，核实寄舱标签等有关信息，谨防鱼目混珠。

旅行社之所以在不提供旅游服务期间，还要承担提示义务，是因为旅行社对旅游目的地的自然、社会环境较为熟悉，对于该地区容易造成旅游者人身损害、财产损失的风险较为了解，相反旅游者却可能不完全知悉将会面临的危险。为此，从保护旅游者合法权益的角度考虑，要求旅行社进行提示义务，有其合理性。对于救助义务，旅游者在自行安排活动期间，即使听从了旅行社提示，仍有可能会遇到各种意外，在此情况下，旅行社要给予必要和合理的救助，不论此种损害是何原因造成的，旅行社均负有相应的救助义务。

本案中，陈先生所选择的"机票+酒店"即小包价旅游产品，没有领队服务，只有交通和住宿两项，其余是旅游者自行安排。旅行社在此期间不提供旅游服务，这些活动与组织旅游合同没有紧密的关系，不属于合同提供服务的组成部分。尤其是在此期间，旅游者活动的个性化，不可预见。但是，旅行社需要承担安全提示、救助义务。旅行社前台销售对酒店和香港当地情况有一些介绍，考虑到陈先生不是首次前往，没有提及个人财产和人身安全，在工作流程上显然有不足和遗漏。陈先生通过报案，在警方的努力下将问题得以解决，他虽然没有向旅行社提出救助等相关要求，但对从业者也提出了警示，"话多人不怪"，为了保障客人的利益，旅行社工作人员应更加周到和细致，以不变应万变。

075 "中国式"过马路导致的意外

案例

旅游者章先生参加了由某国际旅行社组织的香港、澳门7日游。2013年8月2日晚，在结束了当天的旅游活动后，章先生约其他旅游者外出观赏香港夜景。由于不熟悉当地的道路情况，章先生闯红灯横穿马路时，被香港某公交公司的一辆巴士撞倒在地，头部受到重创昏迷不醒，即被送至附近的医院，经紧急抢救才脱离生命危险。此后，章先生在香港接受了1个月的治疗才稍稍恢复。由于各项费用过高，伤势未痊愈的他返回内地继续治疗。10月中旬，章先生向旅游质检所投诉并提交了相关证据，要求旅行社承担赔偿责任。

旅行社认为不应承担赔偿责任，理由是：第一，车祸发生在游客自行活动期间，而不是在旅游行程内；第二，车祸是由于当事人不遵守交通规则造成的，本人有过错；第三，车祸发生后，旅行社全力协助救治，不仅为其办理住院手续，安排专人护理，还安排其家人赴港探望，并承担了其间所有的办证、食、宿、交通等费用共计2万余元，已尽到了人道主义责任；第四，在行程中对所有的游客都作了注意安全的提醒。该社最后表示，对章先生的不幸遭遇深表同情，愿意给予一些援助，但不能对此承担赔偿责任。

条款

第七十条 ……

在旅游者自行安排活动期间，旅行社未尽到安全提示、救助义务的，应当对旅游者的人身损害、财产损失承担相应责任。

解读

依据《旅游法》第七十条的规定，旅游团队领队在出团前对安全注意事项及香港当地的交通规则等都进行了明确和提示。本案例针对的焦点问题是，旅行社在尽到安全提示和救助的前提下，是否应当承担旅游者在自由活动期间发生的损害责任？

在旅游活动中，游客的人身、财产损害就其与旅行社的关系来看，大体可以分为两种情形：一是发生在参加旅行社安排的旅游项目中的损害；二是发生在旅游者个人活动或自由活动期间的损害。

发生在旅行社安排的旅游项目中的损害，通常是指旅游者参加与旅行社签订的旅游合同中所明确约定的项目过程中，诸如乘坐交通工具、入住酒店旅店、安排膳食、带领参观旅游景点等。这一过程中，旅行社应当对旅游者的人身、财产承担安全保护义务。旅行社在从事旅游业务中未尽保护义务，致使旅游者人身遭受损害的，应当由旅行社承担责任；因此发生的损害属于旅行社责任保险所规定的旅行社承担责任的范围，受到损害的游客有权利要求旅行社承担违约责任并赔偿由此支出的费用和损失。

发生在旅游者个人活动或参加自费项目期间的损害，通常指不是发生在约定的旅游活动项目中的情形，常常是旅游者个人的行为或参加自费项目的行为，诸如结束一天旅游活动后晚间客人的自由活动，也包括《旅行社投保旅行社责任保险规定》第八条规定的情形：旅游者在自行终止旅行社安排的旅游行程后，或不参加双方约定的活动而自行活动的时间内，发生的人身、财产损害。旅行社从事经营活动中，其责任的承担应当有一个合理的限度。一方面，旅行社毕竟是以营利为目的的企业，进入市场要面对很多商业风险，让它无限制地承担责任，造成运行成本过高，将会使旅行社的利益无法保障，不利于培育优良的旅游环境；另一方面，旅游活动是双方当事人参与的活动，旅游者一方应当规范自己的言行，避免给自己造成人身或财产上的损害。如果旅游者自己的过错造成的损失也由旅行社来承担责任，显然是不公平的。

本案中章先生遭遇的交通事故发生于自行外出期间，显然，所参加的活动并不是旅游合同约定的一部分，不属于旅行社应当承担责任的范围。另外，章先生系完全民事行为能力的人，具有相应的认知能力和控制自己行为的能力，应当预见到闯红灯横穿马路会导致被车辆撞伤，其行为本身存在过错。因此，应当由章先生本人对后果承担责任，而不应当由旅行社为旅游活动之外发生的车祸负责任。

076 旅游索赔上法庭

案例

朝阳小学三年级一班家长委员会组织了一次亲子游旅行，没想到在马上到达景点时出了车祸，多数家长和孩子没有大碍，但阳阳的爸爸却脚部严重骨折，经过紧急救治后，阳阳爸爸进行了手术。然而，随后，阳阳爸爸向旅行社要求赔偿时，却被推来推去。旅行社称，游客是在旅游车上出现的问题，司机和车队要承担责任，而且旅游团已经交给当地的地接社操作，应该由他们赔偿；地接社认为，亲子游全体成员并未与地接社签订合同，损失不该由他们承担；旅游汽车公司称，伤者是在旅游时出的事，应该找旅行社索赔。阳阳的爸爸索赔无门，一气之下将两家旅行社都告上了法庭。

条款

第七十一条 由于地接社、履行辅助人的原因导致违约的，由组团社承担责任；组团社承担责任后可以向地接社、履行辅助人追偿。

由于地接社、履行辅助人的原因造成旅游者人身损害、财产损失的，旅游者可以要求地接社、履行辅助人承担赔偿责任，也可以要求组团社承担赔偿责任；组团社承担责任后可以向地接社、履行辅助人追偿。但是，由于公共交通经营者的原因造成旅游者人身损害、财产损失的，由公共交通经营者依法承担赔偿责任，旅行社应当协助旅游者向公共交通经营者索赔。

第九十二条　旅游者与旅游经营者发生纠纷，可以通过下列途径解决：

（一）双方协商；

（二）向消费者协会、旅游投诉受理机构或者有关调解组织申请调解；

（三）根据与旅游经营者达成的仲裁协议提请仲裁机构仲裁；

（四）向人民法院提起诉讼。

第九十三条　消费者协会、旅游投诉受理机构和有关调解组织在双方自愿的基础上，依法对旅游者与旅游经营者之间的纠纷进行调解。

解读

游客投诉难、索赔难一直是旅游活动中的顽症。当旅游者在旅游途中与旅行社发生纠纷，或者发生人身、财产损害，要求赔偿时，个别不负责任的旅行社往往以各种理由推诿、拒绝。而游客有时也会因伤情不重、损失不多往往不了了之。而有维权意识的游客常会面临如本案中阳阳爸爸一样的境遇，就是被组团社、地接社、履行辅助人等法律名词绕得晕头转向，找不到索赔对象。

《旅游法》针对旅游活动中出现的纠纷，提出了以下4种解决途径：

双方协商又称双方和解，即由旅游者和旅游经营者双方协商，在自愿平等基础上，本着解决问题的诚意，通过摆事实讲道理，交换意见互谅互让，从而协商解决争议的一种方法。"这种方法直接、及时、平和，成本较低。但缺点在于无法律上的强制力，一旦一方或双方反悔，则需要通过其他途径再行解决。"有法律人士解释道。

调解，是指在中立第三方的主持下，通过劝解、疏导等，使双方自愿进行协商，达成协议，解决纠纷的办法。关于主持调解的第三方的选择，根据《消费者权利保护法》的规定，消费者协会具有调解功能；除此之外，法定的调解机构还有人民调解委员会，民间也还有各种各样的调解组织。按照《旅游法》规定，只要是在当事人自愿基础上，双方都可以向其提出调解的申请。

仲裁，是指当事人根据事先或事后达成的书面仲裁协议自愿将争议提交第三方裁决以解决争议的一种法律制度。按《仲裁法》规定，当事人用仲裁方法解决争议，应当双方自愿，达成书面仲裁协议；没有仲裁协议，一方申请仲裁的，仲裁机构不予以受理。同时，仲裁实行一裁终局制度，裁决作出后，除被人民法院裁定撤销或者不予以执行的除外，产生法律效力。

诉讼是人民法院代表国家通过行使司法审判权来解决争议的一种途径，也是具有最高的权威性和最终的决定力的途径，只要一方认为有必要，即可直接向法院提起诉讼。

在旅游团队常见纠纷问题的解决途径中，调解应该是最为快捷的。与仲裁、诉讼相比，调解程序约束较少，简便快捷；与双方当事人协商和解相比，调解因有处于中立地位的第三方参与，双方当事人更容易达成一致。发挥调解的优势，必须遵循一定的原则，否则很难达到消除矛盾、化解争执的目的。

调解必须遵守自愿和合法原则。自愿原则包括两个方面：一是调解工作必须在双方当事人自愿的基础上进行，二是调解协议内容必须出自双方自愿。

077 不回家的游客

案例

"快乐出发"旅游团队的游客王先生，与其他游客一起，边走边说，从二楼的餐厅用过午餐后正准备下楼时，因酒店楼梯湿滑而意外摔伤，旅行社全陪导游立即会同酒店工作人员将游客送往当地医院检查治疗。王先生是又生气又担心,他生气自己太倒霉。而他更担心,明天要乘飞机回家了,如果骨折了,上不了飞机该怎么办。经过医院认真检查,看过X光片后,医生给出的医嘱认为,虽然游客腿部肌肉软组织拉伤,使游客在行走的时候有些困难,但是可以乘坐飞机返程。此时,王先生的想法变了,他表示:"酒店或旅行社必须现场赔付其损失费5万元,否则将不返程。"

条款

第七十二条 旅游者在旅游活动中或者在解决纠纷时,损害旅行社、履行辅助人、旅游从业人员或者其他旅游者合法权益的,依法承担赔偿责任。

解读

游客与旅行社签订旅游合同,尽到安全保障义务,确保游客人身、财产安全是合同的重要义务。从上述案例可以看出,旅行社和酒店都应承担相应责任,但是游客采取的非理性的行为也是不合理的。面对这样的情形,旅行社能否将游客放置于当地而不予理睬呢?采取怎样的应对措施才是合法、合理的呢?

游客采取滞留方法索要高额赔偿金属于威胁行为,导游没有能力,也没有权利强制将其带上交通工具而返程。行程中发生纠纷,应当本着平等协商的原则解决,采取适当措施防止损失的扩大,不得采取拒绝登机(车、船)等行为拖延行程或者脱团。旅游者应当采取积极措施防止损失扩大,否则应当就扩大的损失承担责任。可以看出,游客的行为属于违约行为,如果旅行社尽最大努力仍无法说服游客返程,在告知其当地医疗、公安等急救电话,确保周边环境相对安全(比如,滞留地不是荒郊野外)并通知其家属的情况下,可以将游客留在当地,由此而造成的损失是由其自己的过激行为所造成的,应当自己承担相关责任。

078 细心的导游

案例

从广州远道而来参加北方小商品交易盛会的董先生及公司的6位同事,在结束了沈阳市的展出工作后,报名参加了沈阳市某旅行社组织的两日游活动。地陪导游服务周到、热情待客,使旅游车上的人们一直沉浸在欢声笑语中。

第一天晚餐过后,董先生问导游:"听说东北民谚有'宁舍一顿饭,不舍二人转'的说法,可见这二人转有多'稀罕人',以前也听说二人转'说、学、逗、唱、浪'的魅力,特别是看了赵本山的小品和表演后,感觉东北地方戏还是非常有特点的,你们沈阳有二人转吗?"小谭笑着回答道:"这您可问对了,赵本山建立的'刘老根大舞台'就在沈阳,如果大家想去看的话,最方便不过了,相信您看了一定不会后悔。不过,咱们的行程中是不含二人转演出的。"

听到导游对二人转的介绍,大家决定让导游帮忙买票,明天晚上去看二人转,后天返程。这时,导游提醒董先生:"董先生,明天晚上我们行程安排是逛夜景,要取消吗?"董先生在征得大家意见后,告诉导游明天原定活动取消,只看"大舞台",细心的导游请游客们在"旅游者意见单"上签下了同意改变行程的一行字,并请游客署名。第二天晚上,导游拿提前订好的门票,和游客看了一场精彩的二人转演出。

演出结束后,董先生说东北之行,不虚此行!真可谓:"吃好、喝好、玩好、转好!"

条款

第七十三条 旅行社根据旅游者的具体要求安排旅游行程,与旅游者订立包价旅游合同的,旅游者请求变更旅游行程安排,因此增加的费用由旅游者承担,减少的费用退还旅游者。

解读

包价旅游,是指旅游者在旅游活动中开始前即将全部或部分旅游费用预付给旅行社,由旅行社根据同旅游者签订的合同,相应地为旅游者安排旅游途中的吃、住、行、游、购、娱等活动。

当游客提出修改或增加游览项目时,导游员要立即与地陪、全陪、领队协商游客的要求。若修改后的游览内容不增加旅行社的费用(包括景点门票)以及改变旅游车的运行线路和时间等,客观上也是可行的,导游员应尽量满足游客的要求。若修改后增加的游览内容涉及增加旅行社的费用,导游员则应向旅行社汇报,对需要加收的费用事先要向游客交代清楚,并按规定收取费用和开具发票。若游客的要求实在无法给予满足,导游员也应向游客说明原因,耐心解释。若游客提出超规格和超接待计划中的享受标准,导游员则应向旅行社汇报,得到明确指示后,方可进行新的接待计划。

本案例中的导游十分细心,能够请游客签署修改行程的意见,并将此汇报给旅行社,可视为游客自愿参加包价旅游行程之外内容的凭证。

079 过期的身份证

案例

从 2013 年 1 月起，一代身份证将不能再继续使用了。从山东来北京打工的赵家两姐妹打算回老家办理二代身份证。为了省时间，姐妹俩人来到旅行社订购机票，工作人员李玲全程进行了接待。经过查询，两人确认了航空公司、飞机起飞时间及机票价格，一切十分顺利。

一天电话响了，李玲接起了急促的电话，打来电话的是赵家俩姐妹。姐妹中一人着急地说："从你们旅行社买的机票上不了飞机。""什么，上不了飞机，这怎么可能？"李玲迷糊了，旅行社代购机票手续齐全，从没有欺骗客人的行为，正规渠道售出的机票怎么会有这样的问题呢？"此时，电话里传来的信息是："因为一代身份证过期 7 个月，无法正常登机。"

"啊？身份证过期？"这可真是出乎意料，李玲马上与经理沟通了事情的经过，经理询问李玲售票时有没有注意到客人的身份证有效期，李玲承认了自己工作上的失误，并通知两姐妹马上到机场派出所办理临时身份证登机。幸运的是，两姐妹为了办理二代身份证，照片和户口全都带在身上。在机场民警的帮助下，俩人顺利登机。虽说姐妹二人首次乘飞机对身份证在乘机中的具体要求不知情，但作为应知常识对此事也要负有一定的责任。而李玲的大意也给她自己带来了深刻的教训，李玲当月的奖金化为了泡影。

条款

第七十四条 旅行社接受旅游者的委托，为其代订交通、住宿、餐饮、游览、娱乐等旅游服务，收取代办费用的，应当亲自处理委托事务。因旅行社的过错给旅游者造成损失的，旅行社应当承担赔偿责任。

解读

在旅行社日常工作中，常会遇到游客临时要求代订机票、车辆、订房等业务，一旦达成意向，签订了合约，旅行社就应当为游客提供代订业务的后续服务。本例中，客人无法正常登机情况的出现，无论是旅行社工作人员还是游客都有一定的责任。本案例中，工作人员在为客人提供代订机票服务中，因为细节上的忽略造成机票票款的损失。

根据民航总局公安局2013年7月26日下发的《乘坐中国民航飞机临时身份证明管理规定》的要求，乘坐国内民航飞机的中华人民共和国国籍旅客（港澳台除外），乘机时未携带有效乘机身份证件，或者原有效乘机身份证件破碎、过期的，可以向民用机场公安机关申请办理"临时身份证明"。

旅客（现役军人除外）申请"临时身份证明"时，应当向民用机场公安机关提供户口本或驾驶证、社保卡、暂住证、工作证、介绍信，或者过期的身份证、护照、"临时身份证明"等身份证明材料（原件或复印件）及两张本人近期1寸证件照片。

无法提供上述身份证明材料的，申请人应当向民用机场公安机关如实提供本人姓名、身份证号、户籍所在地、家庭住址、同户籍亲属人员情况等相关信息。

民用机场公安机关接受旅客申请后，使用公安网人口信息系统或其他方法对申请人身份进行审核，包括人口信息和照片对比，并应当在审核属实后为旅客签发"临时身份证明"。

现役军人申请"临时身份证明",应提供所在单位保卫或政治部门出具的介绍信原件。民用机场公安机关检查无误后为其签发"临时身份证明"。

临时身份证明有效期最短不得少于7天,最长不得超过15天。

对具有下列情况之一的旅客不予办理"临时身份证明":

(1) 对安检中发现冒用他人身份证件或使用伪造、变造身份证件的旅客;

(2) 外籍和港澳台地区的旅客;

(3) 根据申办人提供的材料无法对申办人身份进行审核属实的;

(4) 其他有可能危及航空安全的情况。

办理"乘坐中国民航飞机临时身份证明"的程序:

1. 申请

办理人如实填写"办理乘机临时身份证明审批表"。

2. 受理

(1) 对符合办理条件的旅客,值班民警予以受理;

(2) 旅客填写的"审批表"不清楚、材料不齐或者照片不规范、数量不够的,将要求予以补正;

(3) 不符合申领条件的,值班民警不予受理,并说明原因。

3. 审核

值班民警使用公安网人口信息系统或其他方法对申请人身份进行审核,并根据审核情况提出证件办理意见。

4. 签发

办证人员根据值班民警审核意见为准予办理的旅客签发"乘坐中国民航飞机临时身份证明"。

080 不合理的旅程

案例

上班族小琳休了年假，如愿以偿地踏上土耳其、埃及8日游的快乐旅程。然而，旅游带来的不是身心愉悦，相反却是疲惫、线路设计不合理、看点少等。

小琳花了近1.5万元的团款，乘坐"红眼"航班，黑白颠倒。到达土耳其伊斯坦布尔时为凌晨三四点钟，旅行社没有安排入住直接开始参观。晚餐后紧接着飞往开罗。而紧接下来，从开罗到亚历山大的行程是一天，早上8时出发，走3个半小时的高速公路，中午11点30分左右到达目的地。午餐、参观和购物一共只有3个小时，下午3点前还要返回开罗。其实，旅行社完全可以将行程改为住宿在亚历山大，但考虑到当地酒店成本高，旅行社没有这样安排。

目前，我国出境旅游产品多依赖于航空公司的航班时间。由于土耳其航空公司的机票价格比其他航空公司便宜，造成大部分旅行社使用的是土耳其航空公司的飞机，且在土耳其停留，这种"不合理"的选择让游客们一路上劳顿，使许多人回国后没有办法调整生物钟。

条款

第七十四条　旅行社接受旅游者的委托，为其代订交通、住宿、餐饮、游览、娱乐等旅游服务，收取代办费用的，应当亲自处理委托事务。因旅行社的过错给旅游者造成损失的，旅行社应当承担赔偿责任。

旅行社接受旅游者的委托，为其提供旅游行程设计、旅游信息咨询等服务的，应当保证设计合理、可行，信息及时、准确。

解读

随着我国公民自费出国旅游目的地的不断增多，游客对旅游线路的设计、目的地的接待条件等必然要提出更多和更高的要求。旅行社产品是一种以服务为主体内容的特殊产品，是由食、住、行、游、购、娱各种要素构成的"组合产品"。旅行社产品的形态是多种多样的，但无论哪种产品的开发，都应遵循一定的原则：

1. 吸引力和独特性

旅游产品设计要有足够的吸引力，才可能把游客从各地吸引到旅游目的地。为了能够抓住游客的眼球，突显其卖点，设计者要围绕其核心吸引力整合资源，形成特色产品。

2. 注重体验性

旅行社要分析和关注游客的心理变化。多数的旅游线路以观赏为主，参与和体验的环节较少。旅行社如果能够与旅游景区或相关旅游目的地接待单位合作，通过情境化的设计和亲身体验，加深客人对当地风俗及民情的了解，更有助于提升旅游目的地的旅游形象。

3. 保护与开发并重

旅游线路的设计一定要注重生态效益、社会效益和经济效益三者相结合。

4. 注意顺路连贯

旅游线路设计过程中，对将要到达的地方进行食、住、行、游、购、娱等方面的资源调研，结合实际使用的交通、游客可负担的价格等来选择住宿、餐食、娱乐的最佳地点，线路结构以"不走回头路"为原则。

081 被激怒的作家

案例

作家协会的 39 名作家一行前往海南度假，共 4 天 3 夜的行程。住宿标准为三星级，三晚均宿三亚。第一天游览结束后，让作家们不高兴的是，晚上竟住在离三亚市区 13 公里远的田独镇。三晚住宿均为无星级宾馆，住宿条件极差，不少房间洗手间的水龙头、马桶和客房的空调是坏的，阳台门没有锁，安全性极差，导致游客晚上都难以入睡和不放心外出游览。

在旅游的最后一晚，导游要求游客吃晚饭后集中去看自费项目演出，但由于游客均表示太疲惫，最后通过举手表决无人接受便返回了宾馆。但导游却借故客房紧张，无法马上开房，直至晚上 9 点才让游客入住。气愤的作家们将旅行社投诉至旅游质量监督所。赔偿三晚入住无星级宾馆和到乡镇住宿的差价及精神损失费，并在《作家报》和《南国作家》及《海南日报》发表道歉信。

经过认真调查，旅游合同中约定的住宿标准为三星级，而三晚住在未评星的宾馆，有 27 名游客签名同意为证。旅行社没有其他违反合同的行为，也没有违反《旅行社条例》的规定。省旅游质量监督管理所要求旅行社与投诉人进行协调。双方最终协商一致：旅行社退还客人房差，并适当补偿。

条款

第七十五条　住宿经营者应当按照旅游服务合同的约定为团队旅游者提

供住宿服务。住宿经营者未能按照旅游服务合同提供服务的,应当为旅游者提供不低于原定标准的住宿服务,因此增加的费用由住宿经营者承担;但由于不可抗力、政府因公共利益需要采取措施造成不能提供服务的,住宿经营者应当协助安排旅游者住宿。

解读

游客与旅行社签订合同约定住宿标准为三星酒店,旅行社应当按合同约定安排游客入住三星酒店。在旅游过程中,游客同意改住其他未挂星的酒店,双方同意降低了住宿标准。旅行社应当按照三星酒店的收费与实际安排未挂星级酒店费用的差价退还游客。旅游过程中,游客还可以提出提高住宿标准的要求,旅行社应当对提高住宿标准后增加的住宿费用与游客协商一致,游客同意的,旅行社可以安排。但是,旅行社未经游客同意,擅自提高住宿等其他服务标准的,增加的费用由旅行社自己承担。关于精神损失费赔偿的问题,按照我国法律规定,游客提出旅行社违反合同约定,主张违约之请求,又提出精神损害赔偿的,人民法院不支持精神损害赔偿的请求。只有在侵害人身权的诉讼中,游客才有可能依法获得精神损害赔偿。

第七部分
旅游安全　反应迅速

082 赴埃及旅游注意安全

案例

2011年1月30日,国家旅游局网站上发布通知:提醒赴埃及旅游注意安全。事由为日前埃及首都及部分地区发生较大规模抗议示威活动,示威人群与军警发生暴力冲突,造成一定人员伤亡。埃当局已在主要城市实行宵禁。埃及的形势仍在进一步发展之中。

国家旅游局提醒拟于近期赴埃及的中国游客密切关注局势发展,慎重考虑出行计划;已在埃的中国旅游团队加强安全防范,避免前往事发地区或人员聚集场所,务必注意安全。如遇紧急情况应及时报警,并可向驻埃使馆寻求帮助(24小时联系电话002-02-27361219)。

特别说明:为帮助中国游客作出旅行决定及为旅游企业提供风险防范信息,我们作出出行提示。出行提示仅是建议,并不具有强制性,旅行与否还需您自行决定并对此负责。取消或变更已预订旅行可能会令您有所损失,因此请您先与旅行社、保险公司以及航空公司取得联系,根据合同约定协商处理。

条款

第七十七条 国家建立旅游目的安全风险提示制度。旅游目的地安全风险提示的级别划分和实施程序,由国务院旅游主管部门会同有关部门制定。

县级以上人民政府及其有关部门应当将旅游安全作为突发事件监测和评估的重要内容。

解读

本例是由国家旅游局官网上所发布的"旅游目的地安全风险提示",以埃及为例,其风险提示重点可扩展为以下几个方面:

一是关注整体安全形势。无论是自助游还是参加旅行团,游客在行前准备以及旅行期间,都要密切关注埃及的安全形势。出行前,可购买人身安全保险、医疗保险,万一发生事故时可以得到有效赔偿。同旅行团签订合同时要认真阅读合同条款,明确所应享受的权利、应负的责任及各类注意事项。而自助游的游客更应高度关注安全形势。在埃及期间,游客应尽量减少单独行动,少去解放广场等易发生示威游行的地区和人员聚集地,夜间尤其要注意不去偏僻处、不要独行。

二是防范飞车抢劫。在马路上行走或者等公交车时,游客要看好自己的背包、提包,防止被骑摩托车飞速行驶的人抢劫。对于护照、机票、保险单据等重要证件和单据,要妥善保管好其原件,并在出行前备好复印件,以便原件丢失时到当地使领馆更高效便捷地办理各种手续。另外,游客出行期间要经常与家人保持联系,并在护照的相应页面上填写紧急联系人的姓名及联系方式。

三是注意交通安全。埃及的交通状况较差。记者在开罗街头看到,整个开罗市区起作用的红绿灯很少,单行的两车道有时会出现三四辆车并行的情形,汽车随意转弯、掉头。自驾出行的游客不仅要注意自身的驾驶技术,还要防范其他车辆"突然袭击"。在埃及无论驾车还是步行,游客均须"眼观六路、耳听八方"。乘车时应选择正规车辆和车况较好的车辆。跟团旅行时,游客应注意提醒驾驶员不开快车、不疲劳驾驶。

四是注意下水安全。在埃及，涉及地中海、红海、尼罗河等水域的旅游项目众多，在这些地方游泳、潜水需注意下水安全。由于监管防护措施不完善、景区配套设施不健全等原因，埃及景区游客溺亡、船艇失事等事故时有发生。游客应听从导游安排，在指定区域活动，不随便下水。潜水时要注意对潜水工具的熟练掌握，否则不宜轻易下水。另外，游客还应提高风险意识，审慎选择高风险旅游项目。事故发生并造成伤亡时，应首先拨打埃及的急救电话对伤患进行及时救治，必要时拨打旅游警察报警电话，然后再拨打电话联系中国驻埃及大使馆，对事故进行后续处理。

083 旅游突发事件应急预案的重要性

案例

当今社会，旅游活动日渐成为人们日常生活的重要组成部分。但旅游活动过程中也存在各种可预见的和不可预见的安全风险，旅游安全事故时有发生，给游客生命财产安全造成了影响，必须引起高度重视。

2011年3月日本海啸发生后，为了做好应对日本地震海啸可能产生后续影响的应对工作，厦门市旅游局及时启动旅游突发公共事件应急预案，并通过短信群发等信息手段，第一时间在全市旅游行业迅速部署各项防范工作。

一是要求各级旅游行政管理部门和旅行社立即启动旅游突发公共事件应急预案，各单位必须落实24小时值班，主要领导带班，保持通信畅通。二是要求做好赴日本旅游团队游客的安抚工作，随时掌握动向，尽早撤离日本返回国内。三是要求近日暂停组团赴日本旅游，并向游客说明原因。四是要求赴台湾的旅游团队要改变在太平洋海域附近的游览线路，确保游客和司乘、导游人员安全。五是要求密切关注气象预报，遇到突发事件立即按照规定上报有关情况。

条款

第七十八条　县级以上人民政府应当依法将旅游应急管理纳入政府应急管理体系，制定应急预案，建立旅游突发事件应对机制。

突发事件发生后，当地人民政府及其有关部门和机构应当采取措施开展救援，并协助旅游者返回出发地或者旅游者指定的合理地点。

解读

我国旅游资源丰富，旅游项目和景点众多，世界旅游组织（WTO）预测，至2020年中国将成为世界上第一大旅游目的地国家。与快速发展的旅游业同步的应该是旅游安全的监督和管理。我们要看到，在这一方面，由于点多、面广、线长，许多旅游环节不同程度地存在不可忽视的安全因素。随着游客的不断增多，建立从基层单位到主管部门的旅游行业安全预案和事故应急处理预案，加强安全检查和完善安全保障设施显得十分重要。

有序地处置各类突发旅游事件，高效地做好旅游安全事故救护工作，实现旅游"安全、秩序、质量、效益"四统一。本条款规定，县级以上人民政府应当依法将旅游应急管理纳入政府应急管理体系，制定应急预案，建立旅游突发事件应对机制。

084 惨祸发生后的 36 个小时

案例

美国当地时间 2009 年 1 月 30 日下午 4 时（北京时间 1 月 31 日上午 8 时），由上海东湖国际旅行社组织的赴美旅游团一行 15 人在距离胡佛大坝 40 多公里处遭遇重大交通事故，造成 7 死 10 伤的惨祸（其中游客 6 死 9 伤）。从事故发生到 2 月 1 日晚 8 时的 36 小时内，从北京到上海，从政府部门到旅行社，从保险公司到伤亡游客家属，都为救助受伤游客、处理善后事宜紧急行动起来。

1 月 31 日上午 8 时许，春节"黄金周"进入最后一天，上海市旅游局假日办值班室接到沈女士的电话，她说，一位朋友通过越洋电话告诉她，有上海旅游团在美国亚利桑那州境内公路上发生了严重车祸。这位朋友正巧途经车祸发生地，他在参加救助的过程中听到有人讲上海话，便立即向沈女士通报信息。

上海市旅游局值班室立即转为应急办，紧急预案在事故发生半小时内立即启动。上海市旅游局副局长程梅红火速赶到应急办坐镇指挥，上海市"1·30 事故救援善后领导小组"旋即成立，并立即向国家旅游局和上海市委、市政府作了相关呈报。

相关部门通过仔细了解，立即查出出事团组是上海东湖国际旅行社组织的美国东西海岸旅游团，全团 20 人，其中 5 名游客没有参加大峡谷一日游的自费旅游项目，留在拉斯韦加斯酒店侥幸逃过劫难，其他 15 名团员和 1 名导游、1 名司机搭乘某旅游出租车公司的一辆客车前往大峡谷游览。在游完大峡谷回拉斯韦加斯酒店途中，客车失控冲出高速公路翻滚出事，美籍华人女导游当场死亡，司机重伤。

美方地接社是总部在夏威夷的美国银河旅行社。正在上海的美国银河旅行社总裁邵国樑立即被召到市旅游局了解情况。上海市旅游局局长道书明要求邵国樑次日立即飞回美国紧急处理事故。上海市外办也紧急与外交部及中国驻美大使馆、驻洛杉矶总领事馆联系，驻洛杉矶总领事馆领侨组领事第一时间奔赴现场，协助抢救和处理善后事宜。

我国同胞在美国的不幸伤亡事件，引起了方方面面的重视。外交部、国家旅游局、中国驻美大使馆、驻洛杉矶总领事馆的电报雪片般飞来，内容不尽相同，但思想高度统一，就是全力救助受伤游客，做好善后工作。外交部指示上海尽快组成工作小组赴美善后，国家旅游局指示驻洛杉矶办事处落实接待上海赴美善后工作小组和家属团，洛杉矶总领事馆已经指派当地律师事务所参加善后工作，全力维护中国同胞利益。上海市外办紧急照会美国驻上海总领事馆，美国领事馆签证处在 2 月 1 日（周日）下午特别加班，负责处理赴美伤亡家属的紧急签证。内华达州旅游局也给上海市旅游局发来传真，表示愿意提供一切可能的协助。上海东湖国旅紧急预订好赴美机票，争取工作组和家属团第一时间出发。

条款

第七十八条　县级以上人民政府应当依法将旅游应急管理纳入政府应急管理体系，制定应急预案，建立旅游突发事件应对机制。

突发事件发生后，当地人民政府及其有关部门和机构应当采取措施开展救援，并协助旅游者返回出发地或者旅游者指定的合理地点。

解读

此起事故折射出当前我国出境游市场中存在的安全隐患,给人们敲响了警钟。在旅游突发事件发生后,事发地及相关部门应立即开展应急救援和善后处置工作。政府要及时发布出境旅游预警信息、提高旅游者出行安全意识和自我保护技能、加强出境旅游市场监管。本案例也提示出境游组团社,应注意保障中国公民出境旅游的交通安全。选择符合当地法律规定、车况良好并配有专职司机的旅游车辆,派出领队应发挥行车安全的提醒责任,严防超时超速行驶,确实保障出境旅游的交通安全。

出境旅游突发事件的应急处理,对信息公开透明的要求更高。一方面,出境旅游突发事件经常造成人员伤亡,而且事件发生在异国他乡,因此很容易引起游客家属和中外媒体的格外关注。另一方面,事件发生后,经常同时出现信息盲区和信息超载的现象——有时人员伤亡情况无法得到核实,事故原因无法及时得到确认,因而无法在第一时间对外发布准确信息;有时各种未经核实的小道消息可能快速传播,容易引起社会恐慌。正如本例所示,事发美国,按照美方惯例,在事故原因没有确认前,警方拒绝发布遇难者的名单,致使中国的游客家属焦急万分。因此,突发事件发生后,政府所能提供的有限信息与社会对信息的强烈需求之间经常存在严重矛盾,信息不及时、不准确、不全面导致信息的及时获取和发布成为应急处置和救援面临的一大难题。

为此,建立起与事发现场和当地政府之间有效的信息沟通渠道,第一时间帮助突发事件当事人返回安全地点,给予帮助并做好善后处理尤为必要。

085 水上应急救援演练

案例

临近"十一"假期,为进一步强化旅游应急救援协调联动机制,提高应急处置实战能力,确保发生突发事故时救援工作及时、有效,长春市旅游局会同政府应急办、安监局等相关部门在长春净月潭举行了水上应急救援联合演练。全市重点旅游行业单位观摩了演练。

演练中,20名游客正乘船游览净月潭秋日美景,船尾部忽然起火,浓烟立刻笼罩船只。全船人的生命面临着极大的威胁。1名游客可能因心脏病突发,当场倒地,生死不明,一船人的生命面临着极大的威胁。面对这突如其来的变故,船长立即拉动警报器,并向船台报警,同时组织船员利用船上灭火器进行扑救。导游员立即向旅行社报告情况,并和船员配合引导游客从船尾向船头疏散。同时拨打110、120和119报警电话。

接到报警后,净月潭工作人员立即派4艘快艇前往救援,并启动《水上救援应急预案》,向长春市海事局报警并求助,派出海事监督艇开展灭火救援工作;旅行社立即启动《旅行社安全事故应急预案》,负责人迅速赶往事发地协助处理事故,并向市旅游局汇报,同时向保险公司报案;长春市旅游局立即启动《长春市旅游突发事件应急预案》,要求旅行社协助景区将游客转移疏散到安全区域,配合相关部门做好游客救治工作,通知倒地游客家属,并做好其他游客安抚工作;长春市政府应急办,协调分管副市长到现场指挥救援工作，调动公安、消防、安监、卫生、海事等相关力量到场协同处置。

经过各部门紧张有序地协同处置，全船游客成功获救，船只火险被排除。总指挥部要求进一步开展全面调查，查清事故原因，明确相关单位责任，举一反三，杜绝类似事件发生。

条款

第七十九条 旅游经营者应当严格执行安全生产管理和消防安全管理的法律、法规和国家标准、行业标准，具备相应的安全生产条件，制定旅游者安全保护制度和应急预案。

旅游经营者应当对直接为旅游者提供服务的从业人员开展经常性应急救助技能培训，对提供的产品和服务进行安全检验、监测和评估，采取必要措施防止危害发生。

旅游经营者组织、接待老年人、未成年人、残疾人等旅游者，应当采取相应的安全保障措施。

解读

旅游安全演练是检验、评价和保持旅游企业生产安全事故应急救援预案的应急能力及有效性、可行性和可操作性，切实提高应急救援的实战能力，不断提升应急管理水平，切实保障游客及员工的生命财产安全的有效方法。

参与演练应作为旅游企业在旅游活动中的一项"常态化"工作。切实提高旅游企业在复杂多变的旅游安全形势下的实战能力。在面临真实突发事件时做到手不忙，脚不乱，心不慌，充分发挥应急预案的作用，切实保障市民、游客和旅游从业者生命财产安全。强化旅游安全大于一切，维护旅游市场秩序，将为出行的游客打造一份平安为己任。

086 当法律条款解释不一致时

案例

2013年11月17日,一辆满载游客的大巴在一段盘山路路口处,不慎与对面行驶而来的车辆发生碰撞,车辆严重受损,虽然没有造成车上人员的伤亡,但司机与导游在处理突发事件时的态度等让游客们非常气愤,于是游客向组团旅行社和当地旅游质量监督部门进行了投诉。

经调查,带团导游黄某竟是一位"无证导游",带团服务态度蛮横,多次与客人发生争执。依照2013年10月1日开始实施的《旅游法》第一百零二条规定:未取得导游证或者领队证从事导游活动的,由旅游主管部门责令改正,没收违法所得,并处一千元以上一万元以下罚款,予以公告。旅游行政部门对黄某进行了批评教育,并处予黄某二千元罚金。

事后,部分游客认为:旅游行政机关对黄某的处罚过轻,一位认真的阿姨还找到1999年10月1日起施行的《导游人员管理条例》。这位阿姨说:"《导游人员管理条例》第十八条规定:无导游证进行导游活动的,由旅游行政部门责令改正并予以公告,处1000元以上3万元以下的罚款;有违法所得的,并处没收违法所得。这个导游没有导游证,不具备当导游的资格,旅行社明知故犯,这不是视游客生命为儿戏吗?应该处罚他3万元!"

条款

《中华人民共和国立法法》第七十九条　法律的效力高于行政法规、地方性法规、规章。

行政法规的效力高于地方性法规、规章。

解读

《旅游法》出台后，许多业内人士纷纷表示，在从业过程中，指导旅行社行业的相关法律法规部分内容出现了与《旅游法》不一致的地方，如本案中所提到的案例，即对"无证导游"处理意见上，《导游人员管理条例》与《旅游法》在处罚金额上有了一定的变化。针对此现象，旅发〔2013〕280号国家旅游局关于执行《旅游法》有关规定，给出了回答：

现行旅游法规、规章或者规范性文件等法律规范，与《旅游法》对同一事项规定不一致的，应当适用《旅游法》的规定，各级旅游主管部门应当在权限范围内或者建议有关部门按照《旅游法》的规定作相应调整；现行旅游法规、规章或者规范性文件等法律规范，与《旅游法》对旅游行政处罚的行为、种类和幅度规定不一致的，应当适用《旅游法》的规定。

087 游客在巴黎被抢劫

案例

领队柳先生带领张女士一行二十几人从上海出发，坐了10多个小时的飞机，抵达法国戴高乐机场，大约是晚上7点半。当大家在机场附近中餐馆吃完晚餐出门时，被一群黑人抢劫。当时，包括领队柳先生在内的3人随身携带的挎包被拉断。柳先生还被3个黑人按在地上打,眼镜都打飞了,鼻梁也打破了。

从未见过这种场面的张女士等人,吓得飞奔逃命,她回忆道:"我跑得飞快,有两名50多岁的游客跑不快,她们被两个劫匪抢了包,包里有现金、身份证和银行卡,还有治疗高血压和心脏病的药。在法国这些都是处方药,她只能吃其他团友的药应急。当时的场景真的就跟拍电影一样,被抢的两名女游客事后一直浑身发抖。我们看到劫匪掏完包就赶紧跑了,当时没看清楚他们手里有没有凶器,但是听司机说,这些黑人通常会带刀或枪。"

领队柳先生说,过境后,按规定,他将游客的护照收齐放在随身的包内。当大家吃完饭走向停车场时,突然有3名黑人男子冲上来抢领队身上斜挎的包,领队死死抓着包不松手,劫匪将其拖出五六米远后,将包的背带拽断后逃离,包里的钱物和20多本护照全部丢失。

团里的几名男性游客见状上来帮忙追赶,当时天已黑,追至附近一条巷子时,看到有一辆白色的车子接上3名劫匪后驶离现场。领队立即报警,待警方到达后,大巴车开往警局录口供。

在获悉此事件发生后,国家旅游局高度关注,已责成驻巴黎旅游办事处前往看望慰问被抢游客,与驻法使馆密切配合,积极协助做好游客的稳定工作和后续行程的安排,并要求法国有关部门尽快展开调查、缉拿犯罪分子,切实采取措施保障赴法中国游客的人身财产安全,防止类似事件的发生。

条款

第八十一条 突发事件或者旅游安全事故发生后,旅游经营者应当立即采取必要的救助和处置措施,依法履行报告义务,并对旅游者作出妥善安排。

第八十二条 中国出境旅游者在境外陷于困境时,有权请求我国驻当地机构在其职责范围内给予协助和保护。

解读

近年，赴法国观光的中国游客日益增多，遭盗抢事件时有发生。连续发生中国游客境外被盗被抢事件，需要引起重视。出境游客只有对当地治安状况做到心中有数，因地制宜地做好防范和自我保护，才有可能避免卷入不必要的麻烦。鉴于法国部分旅游景点、商店、地铁、火车站是盗抢案件高发区，出境前领队要在行前说明会上重点提醒赴法旅游的中国公民加强安全防范，应着重注意以下几个方面：

（1）选择正规的有资质的旅行社。随着近几年境外旅游市场的火爆，以各种名义变相组织出境旅游的非法旅行社不在少数。大家应保持足够的警觉，增强防范和自我保护意识，提高甄别能力。例如，可以登录旅游行政管理部门的官方网站或向旅游行政管理部门查询经办者的旅游业务经营资质。

（2）旅游途中不要独行。在游玩的过程中，应服从旅行社或导游的指挥和安排，遵守活动时间，尽量结伴而行，不要单独贸然行动。尤其是女性游客，尽量避免花枝招展、珠光宝气地外出，以免被劫。

（3）看管好自己的贵重物品，谨防被"盯梢"。不要随身携带大量现金，最好使用信用卡或旅行支票，在人多嘈杂的地方和就餐地点要注意保管好贵重物品，如数码相机、笔记本、宝石饰品、名牌服装等要妥善保管，非日常使用的贵重物品可在下榻处申请保险箱托管。

（4）相关证件需备份。境外旅游时，如果当地警察要检查你的护照等证件，可请其先出示证件并记下他的警号、警车号，交罚款时不要直接交给警察，而是凭罚单交到银行等指定地点。将护照、签证、身份证复印备份，并将复印件连同备用相片与证件原件分别存放，随身携带。

088 塞班岛客机失事

案例

2013年9月6日,外交部官方网站发布消息称,一架飞往塞班岛的小型飞机失事,中国乘客2死4伤,分别来自江苏、浙江。

事发时间为当地时间10月6日凌晨2时,北马里亚纳群岛联邦马里亚纳之星(Star Marians)航空公司一架由天宁岛飞往塞班岛的7座小型客机起飞后不久失事。机上除飞行员外6名乘客均为中国公民,2人不幸遇难,4人受伤暂无生命危险。其中3人是由浙江的旅行社组织的,都是半自助游,1死2伤。

浙江省外办相关负责人进一步证实,死者为杭州人,伤者中1人为温州人。相关部门已经安排游客家属赶赴塞班岛。"领事保护中心和驻洛杉矶总领馆已启动应急机制,第一时间向美方核实了解情况,敦促有关方面全力做好伤员救治等相关工作,我们也在和领事馆保持联系。"

条款

第八十一条 突发事件或者旅游安全事故发生后,旅游经营者应当立即采取必要的救助和处置措施,依法履行报告义务,并对旅游者作出妥善安排。

第八十二条 旅游者在人身、财产安全遇有危险时,有权请求旅游经营者、当地政府和相关机构进行及时救助。

中国出境旅游者在境外陷于困境时,有权请求我国驻当地机构在其职责范围内给予协助和保护。

旅游者接受相关组织或者机构的救助后,应当支付应由个人承担的费用。

解读

散客旅游,又称自助或半自助旅游,在国外称为自主旅游(Independent Tour)。它由游客自行安排旅游行程。散客并不意味着完全不依靠旅行社而全部旅游事务都由游客自己办理。实际上,不少散客旅游活动都借助旅行社的帮助,其旅游日程、线路等由旅游者自己选定,然后再由旅行社作某些安排,如机票、旅馆、导游等。散客旅游也并不意味着只是单个游客,它可以是单个游客,也可以是一个家庭或几个亲朋好友,还可以是临时组织起来的散客旅游团,人数通常少于旅游团队。其特点是:游客自由度大、变化多、求新异。

本案例中,客人采取的即是半自助旅游方式,全程没有领队陪同,对旅游安全缺乏常识性的判断。一般来讲,正规旅行社组织的塞班游不会选择当地的小型飞机。因为有轮船、快艇可以在岛之间游览,飞机的价格又相对贵一些。不过,除了费用,旅行社更关注的是安全。在游客消费的旅游产品中,旅行社都会提前做一个安全评估,而塞班岛当地的小型飞机连参与评估的资格都没有。

出境旅游出现突发事件,游客如以半自助方式出游,应及时与国内和中国驻当地大使馆人员联系,争取救援时间,将损失降至最低。

089 境外旅游遇火灾

案例

一个由 23 名中国游客和 1 名导游组成的旅游团,2013 年 8 月 5 日在乘车前往挪威西部港口城市卑尔根途中遭遇隧道火灾。旅游团成员都成功获救，但许多成员因吸入烟雾出现轻微呼吸道不适症状，前往事发地点附近医院接受观察和治疗。

据该旅游团导游柏晶介绍，这批游客来自天津、大连等地。5日中午12时许，他们所乘的中巴车在居德旺恩隧道行驶时，前方一辆卡车起火后发生爆炸，隧道内浓烟滚滚。游客们采取了各种自救措施，用湿毛巾和湿纸巾捂鼻，下车步行，最终在离隧道出口数公里处被当地救援车辆全部救出。中国驻挪威大使馆8月6日4时接到报告后，立即与挪威警方和收治医院取得联系，及时了解情况并协调解决这批中国游客面临的具体问题。使馆再次呼吁中国游客在挪威旅游时，注意交通、护照和财产安全以及身体健康，防止出现意外事故。据挪威警方公布的消息，居德旺恩隧道发生火灾后，80人被疏散，44人入院治疗。

条款

第十二条　旅游者在人身、财产安全遇有危险时，有请求救助和保护的权利。旅游者人身、财产受到侵害的，有依法获得赔偿的权利。

解读

中国出境旅游者在境外陷于困境时，有权请求我国驻当地机构在其职责范围内给予协助和保护。根据《中国领事保护和协助指南（2011）》，对旅游者给予协助和保护的职责主要包括：在所在国发生重大突发事件时，为旅游者撤离危险地区提供咨询和必要的协助；遭遇意外时，协助旅游者将事故或损伤情况通知国内亲属；在旅游者遇到生计困难时，协助其与国内家属联系，以便及时解决费用问题；可以为遗失旅行证件的旅游者签发旅行证或回国证明。领事保护不是无限制的，应该在有关国际法、驻在国和中国的法律框架内进行。

　　突发事件和旅游安全事件发生后进行协助和救助，是法律赋予国家和经营者义不容辞的责任。因此，政府应该承担起旅游活动中旅游者遇险的救援救助工作。但是，旅游救援一般需要动用大量的人力、物力和财力，救助成本较高，而旅游公共救援资源有限，完全由政府承担公共救援的所有费用，也有悖于公共利益。因此，应区分不同的情况和责任，由相关责任方承担相应救助费用。如由不可抗力造成的，国家、经营者、旅游者各方共同承担责任；旅游经营者造成的，旅游经营者应当承担责任；但由旅游者造成的，旅游者应当承担相应责任。本条规定可以引导旅游者树立健康、文明、环保、安全的旅游意识，承担社会责任的意识，加强自我保护的意识以及旅游救援保险的投保意识，从而为旅游者出游提供更可靠的安全保障。

　　旅游者接受有关组织或者机构的救助后，应当支付由个人承担的费用，体现了"谁使用、谁付费"的平等原则，也体现了权利与义务的统一。

090　因心脏病猝死的青年

案例

　　2010年8月9日晚8时许，湖南18岁青年小陈和朋友一行8人来到欢乐谷，购买夜场60元的票进场。进场之后，他们参加了"发现者"游乐项目。"发现者"是一项惊险刺激的游乐项目，游客乘坐的设备可在空中摇摆。结束后，小陈脸色发白，呼吸困难。工作人员将他送到欢乐谷医疗室接受治疗，随后又送至医院。当晚 11 时许，小陈身亡，死亡证明单上显示为猝死。小陈在 5 年前曾做过心脏病手术。景区在游乐项目排队区和导游图中，均有"游客须知"，明确提醒：孕妇、高血压、头晕、心脏病、颈椎与背部疾病、习惯性流鼻血、酒醉及身体不适者不适合乘坐。

事发后，游客向景区索赔 89 万元，被景区拒绝。

条款

第十五条　旅游者购买、接受旅游服务时，应当向旅游经营者如实告知与旅游活动相关的个人健康信息，遵守旅游活动中的安全警示规定。

解读

安全是旅游活动的基本要求，保障旅游安全，不仅仅是政府及其有关部门、旅游经营者的责任，旅游者也应负有相应的安全义务，本条款对此明确予以规定。

在《旅游法》实施前，景区以"游客须知"导游图中明确标注不适宜人群参加该项游乐活动为依据，作为免于承担责任的理由；而在《旅游法》实施后，景区依据《旅游法》第十五条之规定，以游客在明知做过心脏手术、不适合的前提下，没能如实向景区提供个人健康真实信息，未遵守安全警示为由，可以拒绝游客的索赔要求。

旅游活动虽可以放松休闲，但免不了舟车劳顿，有的旅游活动，也不适合一些有特定身体疾病的旅游者参加。比如，高血压患者如果有高原反应，可能就不适合参加高原地区的旅游活动；患有传染性疾病的，可能也不太适合参加旅游活动。旅游者如实告知旅游经营者其与旅游活动相关的个人健康信息，有利于旅游经营者判断是否接纳旅游者参加相应的旅游活动，也有利于旅游经营者在接受旅游者报名后在合理范围内给予特别关照，减少安全隐患。旅游者的这一告知义务,不仅仅存在于购买旅游服务当时,也存在于接受旅游服务中。这是对自身安全、其他旅游者安全的负责,也是与旅游经营者诚信缔约、履约的要求。

本条款主要是体现"诚信原则",若不告知,那么旅游者在一些特殊项目中受到损害,应承担相应的过错责任。

091 重大交通事故的背后

案例

2012年4月,一起造成14人死亡的重大交通事故,令人深思。事发车辆隶属于上海益流汽车出租服务有限公司,司机刚进单位上岗2个多月,事故车辆系一辆福田牌大巴,2010年12月出厂,2011年3月上牌,本应于2012年3月前进行年检,但尚未通过。

根据公司的GPS数据记载,该车事发前的车速在每小时80公里至90公里间,至9时07分,速度突然提升到108公里/小时,可能是为了超车。据益流出租公司介绍,该公司有55辆大客车,主要承接旅游包车及定点班车业务。此外,事故车辆在今年2月的年检中,因驾驶员未带保险单据而未通过,由于之后是踏青出游旺季,驾驶员并未及时前去办理。

散落在事故现场的大巴零部件及车内物品碎片内,一张由"上海市交通运输和港口管理局"核发的"省际包车"客运证明,标号为(沪)运包字1215996号。不过,这张应标明往返地的纸牌上,仅有出发地上海,目的地为空白。而在证照背面,所有项目中仅在经营者名称一栏,有"上海益流汽车出租服务有限公司"的印章,即该次旅游的车辆提供方。其他诸如经营许可证号、车牌号、起点、终点、途经地、是否往返载客等项目均为空,证照有效期也为空白。

在事故停车场,通过对事故大客车进行仔细查看,发现其每个座位上都有安全带插孔。但安全带有的被藏在椅背后,有的则索性垂在座位下。根据数名伤者回忆,车上确实有安全带,但并没有人提示他们要系安全带。包括司机本人,事发时也未系安全带,以至于撞击后被巨大的惯性甩出了车外。车内的游客,特别是车前部伤亡最为惨重,大多数人因侧翻或被压在车一侧。或被甩向侧翻一侧,肋骨、四肢等多处骨折。如上状况,都与不系安全带存在一定关联。

条款

第五十三条 从事道路旅游客运的经营者应当遵守道路客运安全管理的各项制度,并在车辆位置明示道路旅游客运专用标识,在车厢内显著位置公示经营者和驾驶人信息、道路运输管理机构监督电话等事项。

解读

旅游交通安全系万家,安全成为影响旅游业健康发展、亟待全行业高度重视的问题。目前,在国家层面,与道路客运安全管理相关的安全制度主要是《道路交通安全法》、《道路运输条例》和《道路旅客运输及客运站管理规定》。

道路客运在我国实行经营许可,具备法律规定条件的客运企业、客车、驾驶人员、取得相关证书,方可从事客运运营。根据《道路旅客运输及客运站管理规定》第五十九条的规定,客运车辆驾驶人员应当在规定位置放置客运标志牌。根据第六十二条和第六十三条规定,客运包车应当凭车籍所在地县级以上道路运输管理机构按照交通部的统一式样印制，由当地县以上道路运输管理机构向客运经营者核发。

本条所指标识，主要是客运标志牌。目前，定线旅游客运按照普通班车客运管理，非定线旅游客运按照普通包车客运管理，其客运标志牌的核发和摆放与普通客运的要求一致。由于旅游客运以运送旅游者为目的，为了与普通客运有较显著的区别，便于旅游者和管理部门识别与监督，本条专门提出了明示旅游客运专用标识的要求。

本法针对不具有合法资质的黑车、黑驾驶人员从事旅游客运的问题，在《道路旅客运输及客运站管理规定》要求客运车辆驾驶人员随车携带《道路运输证》、从业资格证等有关证件的基础上，进一步要求旅游客运经营者应在车厢内显著位置公示经营者和驾驶人信息、道路运输管理机构监督电话等事项，为旅游者搭乘、选择、识别具备旅游客运资质运营者提供信息，以便于旅游者和执法部门进行监督。

092 瞬间失去的生命

案例

卢克索距埃及首都开罗以南大约510公里处，有众多古代埃及遗迹，每年吸引大量外国游客。热气球虽然为危险的旅游项目，但仍然吸引许多游客乘坐热气球从高空眺望遗址。2013年2月26日，一个热气球在该国卢克索古城附近坠毁，导致至少19名外国游客死亡，其中包括中国游客。据悉，热气球在升空不久后起火并发出爆炸声,然后从300米高空坠地。

像热气球、蹦极这类较危险的旅游项目,游客参加前都会被要求签一份"生死状",上面列举了禁止事项及针对事故责任的说明,有些会包含保险费用,一般"生死状"都是中英文两份,如果由于乘客违反条例以致事故发生,那么很可能得不到赔偿。

我国的旅游活动项目越来越丰富,类似攀岩、徒步、穿越等高危险性项目为越来越多的人所热衷。由于高危险性项目专业技术性强、危险性大、安全保障要求高,国家鼓励高危险性项目经营者依法投保有关责任保险,鼓励消费者依法投保意外伤害保险。

条款

第五十六条 国家根据旅游活动的风险程度,对旅行社、住宿、旅游交通以及本法第四十七条规定的高风险旅游项目等经营业者实施责任保险制度。

第四十七条 经营高空、高速、水上、潜水、探险等高风险旅游项目,应当按照国家有关规定取得经营许可。

解读

旅游活动具有群体性、异地性的特点,旅游经营场所属于公众聚集场所,较易发生安全事故。因此,要求旅游企业的相关经营者要重视责任保险制度,并对住宿和高风险旅游项目等经营业者实施责任保险制度。一是有的经营场所属于人员密集场所,有的经营活动风险程度较高,一旦发生群体性伤亡事故,需要大量赔付资金。实行责任保险制度,有利于旅游经营者转移风险,提高赔付能力,保障旅游者的利益。二是法定强制责任险有利于降低单个经营者投保责任险的保费。此外,我国旅游者投保商业险的意识相对较低,规定强制责任保险制度,有利于提高经营者的风险防范和保险意识。

特别提醒：

（1）热气球、直升机：常见于澳大利亚大堡礁、南非肯尼亚等旅游线路中。严禁游客携带易燃物品，有高血压、心脏病、恐高症的游客最好不要乘坐。

（2）蹦极：常见于澳大利亚、新西兰的旅游线路中。恐高症患者最好不要尝试，曾发生过游客下坠反弹时绳子绕脖窒息的事故。

（3）浮潜、深潜：常见于巴厘岛、马尔代夫等海岛国家旅游线路中。参加浮潜的游客需要经过培训并由专门的教练带领，参加深潜的游客必须持有潜水执照。目前，杭州多家旅行社已不在行程中安排潜水项目。

（4）越野车、摩托车自驾：常见于塞班岛、迪拜等旅游线路中。如果对当地的交规、路况不熟，容易出现撞车、翻车等事故，旅行社往往会随车派一名当地的领路员，请不要拒绝。

（5）快艇：常见于海岛国家旅游线路中。在水面起浪时，建议游客尽量坐在船尾处，不要坐在船头，巨大的冲击力曾使一名游客腰椎碎裂。

（6）滑雪、降落伞：常见于高山、草原地貌的旅游目的地。操作不当容易扭伤脚踝。

第八部分
监督执法 公平公开

093 旅游质量监督所检查旅游市场

案例

为给市民提供一个健康、放心、和谐的旅游消费环境，检查《旅游法》落实和实施情况，2013年"十一"到来前，C城旅游质量监督所对旅行社车辆集中发车点——东方大剧院停车场进行了突击检查。

此次突击检查，重点检查了旅行社使用的旅游车辆是否规范、证照是否齐全和导游服务是否规范等，检查人员还对目前正在整治的"零负团费"问题进行了重点检查。检查人员通过对导游所持的旅行社出团计划书，查看线路报价和线路行程是否合理，线路中是否包括自费项目、有无购物点及特别说明等，并通过询问游客，了解旅行社在组织游客报名、签订旅游合同时是否规范。

对5家旅行社、12辆旅游车辆的检查结果表明，旅游车辆均证照齐全，导游服务基本规范，未发现被检查的旅行社存在"零负团费"现象。检查中发现某导游未佩戴导游IC卡，导游解释说其IC卡被交回导游服务中心办理年审刷卡手续，检查人员进行了核实，证实其所说的真实性，并对该名导游进行教育，希望该导游严格按照规范和要求带团。

条款

第八十五条 县级以上人民政府旅游主管部门有权对下列事项实施监督检查：

（一）经营旅行社业务以及从事导游、领队服务是否取得经营、执业许可；

（二）旅行社的经营行为；

（三）导游和领队等旅游从业人员的服务行为；

（四）法律、法规规定的其他事项。

旅游主管部门依照前款规定实施监督检查，可以对涉嫌违法的合同、票据、账簿以及其他资料进行查阅、复制。

解读

实践中有两种情况：一是未取得任何许可即从事旅行社业务，即业界俗称的"黑社"非法经营；一种是取得了旅行社业务经营许可，但未取得出境游或边境游许可而从事出境游或边境游业务，即常说的超范围经营。这两种情况旅游主管部门都有权进行监督和检查。对导游和领队，要认真检查其是否依法取得相应岗位职业资格证，如未取得，业界俗称为"黑导"，《旅游法》严格禁止，旅游部门也有监督检查权。监督检查的方式有日常常规性检查、抽查、根据投诉和举报进行调查检查等。另外，规定的查阅与复制权是证据保全的需要。在规定这一权利的同时，《旅游法》作出了必要的限定，即强调"对涉嫌违法"的"合同、票据、账簿及其他资料"才能查阅、复制，此款也是为了防止旅游监督检查部门及其人员滥用职权，侵犯企业和个人的合法权益。

094 联合执法显成效

案例

"海上看金门列岛"(以下简称"海上游"),是厦门独具特色的旅游产品,也是众多游客来厦休闲度假的必选项目。据统计,"海上游"每年接待游客超过 100 万人次。"海上游"产品的关注度日益提升,但是游客的满意度却未能水涨船高,相关旅游服务的质量投诉接踵而至。

厦门市旅游质监所针对"海上游"产品组织了多次较为翔实的实地调查,由工作人员组成 3 个暗访小组以游客身份上船,针对游客反映较为突出的几个问题进行暗访。暗访过程中发现:游船上并未按核定载客数量的要求提供充足的固定座位,且固定座位一般都设置在视野较为局限的底层船舱中央,座位布局不合理,船上观景效果较好的位置一般都被设置为付费茶座,游客上船普遍要被迫进行座位二次消费。另外,游客到甲板拍照,均需交 20 元由船上工作人员"代劳",此两项不合理收费,极易引发游客投诉;各"海上游"企业的服务质量参差不齐,个别游船工作人员服务态度差,也是旅游投诉的一大根源。

为切实加强"海上游"市场管理,提升规范旅游经营行为,厦门市物价局、港口管理局、旅游局联合下发了《关于进一步规范厦金海域特殊旅游客运秩序的通知》(以下简称《通知》),文件对"海上游"旅游线路的价格、游船的安全以及服务质量、旅游质量进一步提出明确的规范和要求。三部门还联合召开规范"海上游"市场秩序专题会议,各行政管理部门和"海上游"企业对贯彻执行《通知》精神达成了广泛共识,将进一步加强行业自律和旅游市场监管,共同促进"海上游"旅游产品的健康有序发展,把"海上游"打造成厦门旅游的知名品牌。

"海上游"专项治理行动以来,由厦门市旅游质监所受理的"海上游"投诉量同比下降了78%。厦门市旅游质监所不断加强旅游市场的监督与管理,及时受理旅游服务质量投诉,开展旅游团队服务质量满意度调查,倡导旅行社与船公司签订规范合同,进一步规范旅行社、导游员旅游服务行为。

条款

第八十六条　旅游主管部门和有关部门依法实施监督检查,其监督检查人员不得少于二人,并应当出示合法证件。监督检查人员少于二人或者未出示合法证件的,被检查单位和个人有权拒绝。

监督检查人员对在监督检查中知悉的被检查单位的商业秘密和个人信息应当依法保密。

解读

旅游质量监督部门是旅游局下设的对景区、旅行社等与旅游有关的企业进行监督和管理的政府职能部门。其主要的工作职责如下:

(1) 贯彻执行国家和省有关旅游质量监督管理的法律法规。

(2) 依法开展全市旅游市场检查工作,对旅游质量进行监督和检查。

(3) 受理本辖区的旅游投诉,并依据《旅行社质量保证金赔偿暂行办法》处理旅行社保证金的赔偿案件。

(4) 协助上一级旅游投诉管理机关调查涉及本辖区的旅游投诉,并处理上级质监所交办的旅行社质量保证金赔偿案件。

(5) 向上级旅游投诉管理机关报告本辖区内重大旅游投诉的调查处理情况。

(6) 对旅游市场检查中发现的违法违规的旅游企业或从业人员，在规定的权限内实施行政处罚。

(7) 管理本辖区内旅游投诉的其他事项。

"海上游"作为厦门旅游业一张闪亮的名片，其产品质量和声誉会直接影响厦门旅游业的形象。胡锦涛曾这样评价厦门："厦门是一个著名的旅游城市，旅游业在厦门的经济社会发展中具有很重要的作用。旅游行业要把旅客服务好，要提升旅游的文化内涵，要提高导游的服务质量，发展旅游要注重生态与环境保护。"本例中，旅游质量监督部门及时了解游客投诉的热点问题，并及时进行督导，各部门联合执法行动初显成效。在对本职工作进行监督和检查外，其协同相关职能部门通过建立规范市场秩序例会制度、旅游投诉信息通报制度，以及"海上游"联合执法机制，逐步建立健全长效管理机制，努力形成齐抓共管、合力兴旅的良好局面。

095 一则因拒绝检查的通报

案例

通报

2013年4月28日，张家界市旅游质监所执法人员在宝峰湖景区检查时发现导游陈某（女，导游证号D-4301-5×××××，省导服中心导游）手持的"张家界市旅游团队行程单NO：74××××"有疑问：一是地陪栏目中有姓名无导游证号；二是整个行程中无宝峰湖景点，检查现场不能提供客人签字的"行程变更表",此行为涉嫌导游擅自增加景点。在执法人员为弄清事情真相,要求登记保全行程单和导游证核实导游身份时,导游陈某以自己是正式导游员为由拒绝检查,甚至造成了旅游执法人员殴打她的假象。在事件发生时,不说明真实情况,致使旅游执法人员遭到不明真相的景区保安及游客围攻,险些导致治安冲突事件发生。此行为既损害了我市导游队伍形象,也损害了张家界旅游目的地形象。

事后,经旅游部门和旅行社负责人的教育,陈某能认识到自己的问题,主动深刻检讨,根据《导游人员管理实施办法》第十五条第(一)项规定,经研究,决定对导游陈某作出以下处理:

(1)对导游陈某全行业通报批评,并在旅游官方网站上予以公布;

(2)年度计分一次性扣8分。

希望各旅行社加强对归社导游的培训和教育,希望广大导游引以为戒,杜绝此类违规现象再次发生。

条款

第八十七条　对依法实施的监督检查,有关单位和个人应当配合,如实说明情况并提供文件、资料,不得拒绝、阻碍和隐瞒。

解读

《旅游法》实施前,处理本案件是依据《导游人员管理实施办法》第十五条第(一)项规定,即导游人员如果拒绝、逃避检查,或者欺骗检查人员的,扣除8分。《旅游法》实施后,主要依据《旅游法》第一百条规定:旅行社如果在旅游行程中擅自变更旅游行程安排,严重损害旅游者权益,由旅游主管部门责令改正,处三万元以上三十万元以下罚款,并责令整顿。对直接负责的主管人员和直接责任人员,处二千元以上二万元以下罚款,并暂扣或者吊销导游证。

此外，依据第八十七条之规定，旅游行政执法人员在检查时，导游人员要给予配合，不得拒绝、阻碍、隐瞒。本例中，导游人员违反了以上之规定。

对于行使国家权力的执法者来讲，"法无授权不可为"，这是现代法治的基本理念之一。它意味着，执法者的执法行为必须有法律上的依据，只有依法作出的处罚决定才具有行政法上的先定力和执行力。在旅游行政执法过程中，被检查的单位和个人应当实事求是地予以说明，对所说明的事实情况还应提供相应的佐证文件或者资料。不得拒绝，是指被检查的单位和个人对检查人员的监督检查要求不得拒绝，应当配合检查；不得阻碍，是指被检查的单位和个人对监督检查行为不得设置种种障碍，甚至暴力抗拒；不得隐瞒，是指被检查单位和个人对检查事项的真实情况不得隐瞒不报或提供虚假情况。

096 《旅游法》实施后的首张罚单

案例

2013年10月1日，上海市一家旅行社带团女导游赵某，手持假导游证带团到苏州游玩，被苏州市旅游执法支队当场查获。赵某因持假证被依法罚款1000元，并没收违法所得。这是《旅游法》实施首日，全国开出的第一张罚单。

1日中午，旅游执法人员在狮子林风景区发现，上海市欢天喜地旅行社组织的来苏旅游团队，带团女导游赵某用的是一张假导游证，当即进行查处。30多岁的赵某很快坦白，假导游证是自己从淘宝网上花300多元买的。她说，因为家庭经济困难，父亲患重病在家，想在国庆节兼职做导游，赚点钱补贴家用。鉴于赵某认错态度端正，家庭确有困难，执法人员按《旅游法》第一百零二条规定，从轻对其罚款 1000 元，没收违法所得。

随后，苏州旅游执法部门联系上海这家旅行社，让其重新安排导游带团。随后，公安部门开始介入，继续追查网上制售假导游证的问题。

条款

第一百零二条　违反本法规定，未取得导游证或领队证从事导游、领队活动的，由旅游主管部门责令改正，没收违法所得，并处一千元以上一万元以下罚款，予以公告。

导游、领队违反本法规定，私自承揽业务的，由旅游主管部门责令改正，没收违法所得，处一千元以上一万元以下罚款，并暂扣或者吊销导游证、领队证。

导游、领队违反本法规定，向旅游者索取小费的，由旅游主管部门责令退还，处一千元以上一万元以下罚款；情节严重的，并暂扣或者吊销导游证、领队证。

解读

根据国家旅游局的相关规定，符合条件的导游人员才能获得导游卡。而目前的导游卡采用了智能 IC 卡技术，可存储导游人员的姓名、性别、学历、语种、导游资格证号、导游证号码、身份证号码、所属旅行社、家庭住址、识别码等个人基本信息和违规记录、违规扣分分值、岗位培训、年度检查、导游类别等综合业务信息。

中国旅游市场庞大，的确有一些旅游从业者怀有侥幸心理。同时，"黄金周"旺季，导游资源供不应求，也是导致发生此类事件的原因。"野导"、"黑导"是旅游业的一大顽疾，"野导"们带着假冒的导游证蒙蔽游客，必将损害当地旅游业的形象。

097 行业自律变了"味道"

案例

为了避免激烈的市场竞争，近年来，丽江市丽江携程旅行社有限公司、丽江白鹿国际旅行社有限公司等八大旅行社集团（其中有2家于2011年加入），在丽江市旅游协会旅行社分会的牵头组织下"抱团取暖"，就统一对外报价等事宜多次开会协调，并于2009年、2010年签订了旅行社行业自律协议，统一了接待旅游团队的对外报价（包括宾馆住宿价格、综合服务费、餐费价格等单项价格以及单人包价）。

如2010年7月10日至31日期间，各旅行社对来丽江游玩并入住三星级酒店的游客统一报价560元/人。同时，2011、2012年，丽江市旅游协会旅行社分会还组织各旅行社签订了《合作经营协议书》，在各旅行社之间实施收入二次分配，即按照约定的市场份额比例，分配从各旅行社收入中提取的旅游综合服务费、景点返佣、古城维护费返佣等收入。两年间，各旅行社共计实施收入分配24次，共计分配金额2.27亿元。该行为违反了《反垄断法》第十三条、第十六条的有关规定，属于达成并实施价格垄断协议的违法行为，严重限制了各旅行社之间的价格竞争，特别是实施收入分配导致吃"大锅饭"的平均主义现象蔓延；各旅行社不是千方百计提高服务质量水准、尽可能多地接待游客，而是想方设法寻求处于分进分出平衡点的游客接待人数，遏制了旅行社的竞争活力。根据《反垄断法》第四十六条的相关规定，对牵头组织达成价格垄断协议的丽江市旅游协会旅行社分会,云南省发改委已依法处以法定最高额度50万元的罚款;对参与达成并实施价格垄断协议的八大旅行社集团,云南省发改委已依法分别处以上一年度销售额之5%的罚款,合计罚款334.6万元。

条款

第六条 国家建立健全旅游服务标准和市场规则,禁止行业垄断和地区垄断。旅游经营者应当诚信经营,公平竞争,承担社会责任,为旅游者提供安全、健康、卫生、方便的旅游服务。

第一百零四条 旅游经营者违反本法规定,给予或者收受贿赂的,由工商行政管理部门依照有关法律、法规的规定处罚;情节严重的,并由旅游主管部门吊销旅行社业务经营许可证。

解读

所谓旅行社行业自律,是指各家旅行社为了规范行业行为,协调同行利益关系,维护行业间的公平竞争和正当利益,促进行业发展。自律就是自我约束。旅行社行业自律包括两个方面:一方面是旅行社行业内对国家法律、法规政策的遵守和贯彻;另一方面是旅行社行业内的行规行约制约自己的行为。而每一方面都包含对旅行社行业内成员的监督和保护的机能。

本案例中,云南丽江旅游市场所谓的"行业自律"暴露出来的价格串通问题,反映出旅游市场"明规则未行,潜规则盛行",特别是这类"行业协会"组织经营者实施固定价格和划分市场的垄断协议,严重限制了业内的有效竞争,损害了消费者的合法权益,不利于旅游行业的持续健康发展。国家旅游局给予了严肃查处并公开曝光这些旅游价格违法典型案件,目的是为了提醒和告诫所有旅游业经营者要切实增强依法经营意识,切实遵循市场规律和遵守法律法规,切实做到公平竞争、诚实守信。

098 擅自上涨门票价格的景区

案例

西汉酒泉胜迹位于酒泉城区鼓楼东1.9公里处,占地面积27万平方米,是河西走廊唯一保存完整的一座汉代园林,迄今已有2100多年的历史。西汉酒泉胜迹前身是酒泉市泉湖公园,2005年经改扩建而更名为西汉酒泉胜迹,景区收费由此开始。外地游客入园票价为30元/人,酒泉本地市民入园票价为5元/人。

作为酒泉城区唯一一处收费景区——西汉酒泉胜迹(4A级景区)的门票价格多年未变。2011年"五一"期间,该景区擅自调整门票价格。外地游客入园票价涨为40元/人,酒泉本地市民入园票价上调至6元/人;身高1.2米以上的小孩,入园票价由原来的2元/人提高至5元/人。与此同时,景区内的酒泉动物园门票也涨价了,由原来的5元/人提高至8元/人。

据介绍,西汉酒泉胜迹从2005年开始执行肃州区物价局核准的门票价格。几个月前,物价局接到西汉酒泉胜迹提高门票价格的申请后,上报至酒泉市发改委,但至今没有审批。物价局负责人表示,酒泉动物园属西汉酒泉胜迹所组建的公司所有,和园内娱乐项目一样,调价权限归公司内部。但西汉酒泉胜迹属于国家4A级景区,上调门票必须经过省发改委的审批,任何4A级景区都没有自主调价的权利,物价局已经叫停其涨价行为。

> 条款

第一百零六条 景区违反本法规定，擅自提高门票或者另行付费项目的价格，或者有其他价格违法行为的，由有关主管部门依照有关法律、法规的规定处罚。

> 解读

近年来，中国旅游业快速发展，但快速发展不等于健康发展，当前，"零负团费"、强迫购物现象等严重损害着旅游市场的发展。尤其是长期来，景区门票"说涨就涨"式的傲慢一直为社会高度关注。对公众而言，风景名胜区是公共财产，人人有权"享有"。而对管理者来说，对经济效益的追求使他们对门票收入的"期望值"越来越高。不同的利益诉求决定了涨价风潮中的两者冲突。

《旅游法》第一百零六条针对景区擅自提高门票或者另行收费项目的价格，提出应由有关主管部门依照有关法律、法规的规定进行处罚的决定。

099 向社会发布的处罚公告

> 案例

据国家旅游局网站消息，海峡两岸旅游交流协会（海旅会）发布公告，南昌某国际旅行社有限责任公司的赴台旅游团于2012年12月20日发生2名游客脱团滞留；甘肃某国际旅行社的赴台旅游团于2012年12月10日发生1

名游客脱团滞留。

依据有关规定,暂停南昌某国际旅行社有限责任公司赴台旅游业务1个月(自2013年1月5日至2013年2月4日),暂停期满后按程序申请恢复;通报批评甘肃某国际旅行社。

海旅会强调,赴台旅游是一项意义和责任重大的旅游活动,各省(区、市)的旅游行政管理部门必须会同有关部门认真做好督促、检查、指导工作;各赴台旅游组团社必须严格执行赴台旅游的管理规定,切实采取措施加强对参团游客的审核和证件办理、团队运行管理等工作,保证赴台旅游的安全、质量、秩序和游客权益,维护赴台旅游的有序、健康发展。

条款

第一百零八条 对于违反本法规定的旅游经营者及其从业人员,旅游主管部门和有关部门应当记入信用档案,向社会公布。

解读

《旅游法》第一百零八条将违法行为信息记入信用档案并向社会公布的主体,规定为旅游主管部门和有关部门。信用档案通常指企业和个人的基本情况,通常由政府职能部门或者专业化的第三门机构收集、客观记录。目前,我国还没有建立统一的信用体系,各行各业都在逐步推行相关制度。如本案例中,旅游行政管理机关通过评选,客观选出年度优秀旅游企业,将旅游经营者中信誉较好的企业公示出来,让游客获知。

违法信息只有向社会公开,才能较好地起到教育和鞭策作用。旅游行政管理机关要建立定期公布违法旅游企业及个人信息机制,公布的渠道可以为旅游行政机构官方网站、当地报纸、广播等。

100 国外旅游法一览

案例

日本：1963年，为适应发展日本观光业的要求，确立旅行观光在日本国民经济中的地位，经国会通过颁行《旅游基本法》。1959年颁行了《国际观光振兴会法》，该法规定国际观光振兴会为特殊法人，代表政府行使一部分管理旅游业的权限。

新加坡：新加坡政府主要通过法律手段来对旅游业实行宏观调控，通过严格执法，使旅游业得以健康发展。其主要法律法规是《旅游促进局法》，该法规定旅游业管理机构组成和职能、各种协会的组成、旅游业的地位及其范围以及旅游业法律制度。

法国：法国政府历来重视旅游业。1910年，法国政府决定设立国家旅游局，旅游业成为法国政府最早干预的私人经营的行业。尔后，国家又制定了《旅游宪章》及一系列旅游法规和实施细则，为旅游业各部门快速、协调发展提供了强有力的保证。

美国：1979年，美国政府颁布了《全美旅游政策法》，该法提出的旅游政策总原则包括：关于旅游业作用的规定，关于设立全国旅游政策委员会的政策规定，关于旅游资源的规定，关于旅行游览发展公司的政策规定，关于旅游者的政策规定。

泰国：1959年泰国政府成立了泰国旅游业促进机构，开始发展旅游业并使之在国民经济的发展中处于重要地位。而这种管理体制可以将政府与市场有机结合起来，通过政府力量的强制性干预，促使旅游业实现快速增长。

俄罗斯：《俄罗斯联邦旅游业务基础法》修正案于 2006 年 9 月提出，俄罗斯国家杜马 2007 年 1 月 17 日通过。该修正案进一步提高了旅游市场的透明度和稳定性，确定了旅游公司的重任和权利，从法律上保证了旅游消费者的利益。

条款

《中华人民共和国旅游法》于 2013 年 4 月 25 日第十二届全国人民代表大会常务委员会第二次会议通过，2013 年 10 月 1 日起施行。

解读

我国《旅游法》的出台，是为了保障旅游者和旅游经营者的合法权益，规范旅游市场秩序，保护和合理利用旅游资源，促进旅游业持续健康发展。

立法的目的，是指制定法律所要达到的目标。立法目的作为法律存在之原因贯穿于法律条文始终，并指引法律的适用。一部法律中每一具体条款都应当围绕该法律的立法目的展开，并为实现立法目的服务。

《旅游法》共设 10 章 112 条，除总则、附则之外，分别对旅游者、旅游规划和促进、旅游经营、旅游服务合同、旅游安全、旅游监督管理、旅游纠纷处理、法律责任作出规定，涵盖了行政法、经济法、民法。通过"依法兴旅、依法治旅"，为文明中国、文明旅游创造一个良好的环境，促进我国旅游产业的不断发展壮大。

附录一

中华人民共和国旅游法

（2013年4月25日第十二届全国人民代表大会常务委员会第二次会议通过）

第一章 总则

第一条 为保障旅游者和旅游经营者的合法权益，规范旅游市场秩序，保护和合理利用旅游资源，促进旅游业持续健康发展，制定本法。

第二条 在中华人民共和国境内的和在中华人民共和国境内组织到境外的游览、度假、休闲等形式的旅游活动以及为旅游活动提供相关服务的经营活动，适用本法。

第三条 国家发展旅游事业，完善旅游公共服务，依法保护旅游者在旅游活动中的权利。

第四条 旅游业发展应当遵循社会效益、经济效益和生态效益相统一的原则。国家鼓励各类市场主体在有效保护旅游资源的前提下，依法合理利用旅游资源。利用公共资源建设的游览场所应当体现公益性质。

第五条 国家倡导健康、文明、环保的旅游方式，支持和鼓励各类社会机构开展旅游公益宣传，对促进旅游业发展做出突出贡献的单位和个人给予奖励。

第六条 国家建立健全旅游服务标准和市场规则，禁止行业垄断和地区垄断。旅游经营者应当诚信经营，公平竞争，承担社会责任，为旅游者提供安全、健康、卫生、方便的旅游服务。

第七条 国务院建立健全旅游综合协调机制，对旅游业发展进行综合协调。

县级以上地方人民政府应当加强对旅游工作的组织和领导，明确相关部门或者机构，对本行政区域的旅游业发展和监督管理进行统筹协调。

第八条 依法成立的旅游行业组织，实行自律管理。

第二章 旅游者

第九条 旅游者有权自主选择旅游产品和服务，有权拒绝旅游经营者的强制交易行为。

旅游者有权知悉其购买的旅游产品和服务的真实情况。

旅游者有权要求旅游经营者按照约定提供产品和服务。

第十条 旅游者的人格尊严、民族风俗习惯和宗教信仰应当得到尊重。

第十一条 残疾人、老年人、未成年人等旅游者在旅游活动中依照法律、法规和有关规定享受便利和优惠。

第十二条 旅游者在人身、财产安全遇有危险时，有请求救助和保护的权利。

旅游者人身、财产受到侵害的，有依法获得赔偿的权利。

第十三条 旅游者在旅游活动中应当遵守社会公共秩序和社会公德，尊重当地的风俗习惯、文化传统和宗教信仰，爱护旅游资源，保护生态环境，遵守旅游文明行为规范。

第十四条 旅游者在旅游活动中或者在解决纠纷时，不得损害当地居民的合法权益，不得干扰他人的旅游活动，不得损害旅游经营者和旅游从业人员的合法权益。

第十五条 旅游者购买、接受旅游服务时，应当向旅游经营者如实告知与旅游活动相关的个人健康信息，遵守旅游活动中的安全警示规定。

旅游者对国家应对重大突发事件暂时限制旅游活动的措施以及有关部门、机构或者旅游经营者采取的安全防范和应急处置措施，应当予以配合。

旅游者违反安全警示规定，或者对国家应对重大突发事件暂时限制旅游活动的措施、安全防范和应急处置措施不予配合的，依法承担相应责任。

第十六条 出境旅游者不得在境外非法滞留，随团出境的旅游者不得擅自分团、脱团。

入境旅游者不得在境内非法滞留，随团入境的旅游者不得擅自分团、脱团。

第三章 旅游规划和促进

第十七条 国务院和县级以上地方人民政府应当将旅游业发展纳入国民经济和社会发展规划。

国务院和省、自治区、直辖市人民政府以及旅游资源丰富的设区的市和县级人民政府，应当按照国民经济和社会发展规划的要求，组织编制旅游发展规划。对跨行政区域且适宜进行整体利用的旅游资源进行利用时，应当由上级人民政府组织编制或者由相关地方人民政府协商编制统一的旅游发展规划。

第十八条 旅游发展规划应当包括旅游业发展的总体要求和发展目标，旅游资源保护和利用的要求和措施，以及旅游产品开发、旅游服务质量提升、旅游文化建设、旅游形象推广、旅游基础设施和公共服务设施建设的要求和促进措施等内容。

根据旅游发展规划，县级以上地方人民政府可以编制重点旅游资源开发利用的专项规划，对特定区域内的旅游项目、设施和服务功能配套提出专门要求。

第十九条 旅游发展规划应当与土地利用总体规划、城乡规划、环境保护规划以及其他自然资源和文物等人文资源的保护和利用规划相衔接。

第二十条 各级人民政府编制土地利用总体规划、城乡规划，应当充分考虑相关旅游项目、设施的空间布局和建设用地要求。规划和建设交通、通信、供水、供电、环保等基础设施和公共服务设施，应当兼顾旅游业发展的需要。

第二十一条 对自然资源和文物等人文资源进行旅游利用，必须严格遵守有关法律、法规的规定，符合资源、生态保护和文物安全的要求，尊重和维护当地传统文化和习俗，维护资源的区域整体性、文化代表性和地域特殊性，并考虑军事设施保护的需要。有关主管部门应当加强对资源保护和旅游利用状况的监督检查。

第二十二条 各级人民政府应当组织对本级政府编制的旅游发展规划的执行情况进行评估，并向社会公布。

第二十三条 国务院和县级以上地方人民政府应当制定并组织实施有利于旅游业持续健康发展的产业政策，推进旅游休闲体系建设，采取措施推动区域旅游合作，鼓励跨区域旅游线路和产品开发，促进旅游与工业、农业、商业、文化、卫生、体育、科教等领域的融合，扶持少数民族地区、革命老区、边远地区和贫困地区旅游业发展。

第二十四条 国务院和县级以上地方人民政府应当根据实际情况安排资金，加强旅游基础设施建设、旅游公共服务和旅游形象推广。

第二十五条 国家制定并实施旅游形象推广战略。国务院旅游主管部门统筹组织国家旅游形象的境外推广工作，建立旅游形象推广机构和网络，开展旅游国际合作与交流。

县级以上地方人民政府统筹组织本地的旅游形象推广工作。

第二十六条 国务院旅游主管部门和县级以上地方人民政府应当根据需要建立旅游公共信息和咨询平台，无偿向旅游者提供旅游景区、线路、交通、气象、住宿、安全、医疗急救等必要信息和咨询服务。设区的市和县级人民政府有关部门应当根据需要在交通枢纽、商业中心和旅游者集中场所设置旅游咨询中心，在景区和通往主要景区的道路设置旅游指示标识。

旅游资源丰富的设区的市和县级人民政府可以根据本地的实际情况，建立旅游客运专线或者游客中转站，为旅游者在城市及周边旅游提供服务。

第二十七条　国家鼓励和支持发展旅游职业教育和培训，提高旅游从业人员素质。

第四章　旅游经营

第二十八条　设立旅行社，招徕、组织、接待旅游者，为其提供旅游服务，应当具备下列条件，取得旅游主管部门的许可，依法办理工商登记：

（一）有固定的经营场所；

（二）有必要的营业设施；

（三）有符合规定的注册资本；

（四）有必要的经营管理人员和导游；

（五）法律、行政法规规定的其他条件。

第二十九条　旅行社可以经营下列业务：

（一）境内旅游；

（二）出境旅游；

（三）边境旅游；

（四）入境旅游；

（五）其他旅游业务。

旅行社经营前款第二项和第三项业务，应当取得相应的业务经营许可，具体条件由国务院规定。

第三十条　旅行社不得出租、出借旅行社业务经营许可证，或者以其他形式非法转让旅行社业务经营许可。

第三十一条　旅行社应当按照规定交纳旅游服务质量保证金，用于旅游者权益损害赔偿和垫付旅游者人身安全遇有危险时紧急救助的费用。

第三十二条 旅行社为招徕、组织旅游者发布信息，必须真实、准确，不得进行虚假宣传，误导旅游者。

第三十三条 旅行社及其从业人员组织、接待旅游者，不得安排参观或者参与违反我国法律、法规和社会公德的项目或者活动。

第三十四条 旅行社组织旅游活动应当向合格的供应商订购产品和服务。

第三十五条 旅行社不得以不合理的低价组织旅游活动，诱骗旅游者，并通过安排购物或者另行付费旅游项目获取回扣等不正当利益。

旅行社组织、接待旅游者，不得指定具体购物场所，不得安排另行付费旅游项目。但是，经双方协商一致或者旅游者要求，且不影响其他旅游者行程安排的除外。

发生违反前两款规定情形的，旅游者有权在旅游行程结束后三十日内，要求旅行社为其办理退货并先行垫付退货货款，或者退还另行付费旅游项目的费用。

第三十六条 旅行社组织团队出境旅游或者组织、接待团队入境旅游，应当按照规定安排领队或者导游全程陪同。

第三十七条 参加导游资格考试成绩合格，与旅行社订立劳动合同或者在相关旅游行业组织注册的人员，可以申请取得导游证。

第三十八条 旅行社应当与其聘用的导游依法订立劳动合同，支付劳动报酬，缴纳社会保险费用。

旅行社临时聘用导游为旅游者提供服务的，应当全额向导游支付本法第六十条第三款规定的导游服务费用。

旅行社安排导游为团队旅游提供服务的，不得要求导游垫付或者向导游收取任何费用。

第三十九条 取得导游证，具有相应的学历、语言能力和旅游从业经历，并与旅行社订立劳动合同的人员，可以申请取得领队证。

第四十条　导游和领队为旅游者提供服务必须接受旅行社委派，不得私自承揽导游和领队业务。

第四十一条　导游和领队从事业务活动，应当佩戴导游证、领队证，遵守职业道德，尊重旅游者的风俗习惯和宗教信仰，应当向旅游者告知和解释旅游文明行为规范，引导旅游者健康、文明旅游，劝阻旅游者违反社会公德的行为。

导游和领队应当严格执行旅游行程安排，不得擅自变更旅游行程或者中止服务活动，不得向旅游者索取小费，不得诱导、欺骗、强迫或者变相强迫旅游者购物或者参加另行付费旅游项目。

第四十二条　景区开放应当具备下列条件，并听取旅游主管部门的意见：

（一）有必要的旅游配套服务和辅助设施；

（二）有必要的安全设施及制度，经过安全风险评估，满足安全条件；

（三）有必要的环境保护设施和生态保护措施；

（四）法律、行政法规规定的其他条件。

第四十三条　利用公共资源建设的景区的门票以及景区内的游览场所、交通工具等另行收费项目，实行政府定价或者政府指导价，严格控制价格上涨。拟收费或者提高价格的，应当举行听证会，征求旅游者、经营者和有关方面的意见，论证其必要性、可行性。

利用公共资源建设的景区，不得通过增加另行收费项目等方式变相涨价；另行收费项目已收回投资成本的，应当相应降低价格或者取消收费。

公益性的城市公园、博物馆、纪念馆等，除重点文物保护单位和珍贵文物收藏单位外，应当逐步免费开放。

第四十四条　景区应当在醒目位置公示门票价格、另行收费项目的价格及团体收费价格。景区提高门票价格应当提前六个月公布。

将不同景区的门票或者同一景区内不同游览场所的门票合并出售的,合并后的价格不得高于各单项门票的价格之和,且旅游者有权选择购买其中的单项票。

景区内的核心游览项目因故暂停向旅游者开放或者停止提供服务的,应当公示并相应减少收费。

第四十五条 景区接待旅游者不得超过景区主管部门核定的最大承载量。景区应当公布景区主管部门核定的最大承载量,制定和实施旅游者流量控制方案,并可以采取门票预约等方式,对景区接待旅游者的数量进行控制。

旅游者数量可能达到最大承载量时,景区应当提前公告并同时向当地人民政府报告,景区和当地人民政府应当及时采取疏导、分流等措施。

第四十六条 城镇和乡村居民利用自有住宅或者其他条件依法从事旅游经营,其管理办法由省、自治区、直辖市制定。

第四十七条 经营高空、高速、水上、潜水、探险等高风险旅游项目,应当按照国家有关规定取得经营许可。

第四十八条 通过网络经营旅行社业务的,应当依法取得旅行社业务经营许可,并在其网站主页的显著位置标明其业务经营许可证信息。

发布旅游经营信息的网站,应当保证其信息真实、准确。

第四十九条 为旅游者提供交通、住宿、餐饮、娱乐等服务的经营者,应当符合法律、法规规定的要求,按照合同约定履行义务。

第五十条 旅游经营者应当保证其提供的商品和服务符合保障人身、财产安全的要求。

旅游经营者取得相关质量标准等级的,其设施和服务不得低于相应标准;未取得质量标准等级的,不得使用相关质量等级的称谓和标识。

第五十一条 旅游经营者销售、购买商品或者服务,不得给予或者收受贿赂。

第五十二条　旅游经营者对其在经营活动中知悉的旅游者个人信息，应当予以保密。

第五十三条　从事道路旅游客运的经营者应当遵守道路客运安全管理的各项制度，并在车辆显著位置明示道路旅游客运专用标识，在车厢内显著位置公示经营者和驾驶人信息、道路运输管理机构监督电话等事项。

第五十四条　景区、住宿经营者将其部分经营项目或者场地交由他人从事住宿、餐饮、购物、游览、娱乐、旅游交通等经营的，应当对实际经营者的经营行为给旅游者造成的损害承担连带责任。

第五十五条　旅游经营者组织、接待出入境旅游，发现旅游者从事违法活动或者有违反本法第十六条规定情形的，应当及时向公安机关、旅游主管部门或者我国驻外机构报告。

第五十六条　国家根据旅游活动的风险程度，对旅行社、住宿、旅游交通以及本法第四十七条规定的高风险旅游项目等经营者实施责任保险制度。

第五章　旅游服务合同

第五十七条　旅行社组织和安排旅游活动，应当与旅游者订立合同。

第五十八条　包价旅游合同应当采用书面形式，包括下列内容：

（一）旅行社、旅游者的基本信息；

（二）旅游行程安排；

（三）旅游团成团的最低人数；

（四）交通、住宿、餐饮等旅游服务安排和标准；

（五）游览、娱乐等项目的具体内容和时间；

（六）自由活动时间安排；

（七）旅游费用及其交纳的期限和方式；

（八）违约责任和解决纠纷的方式；

（九）法律、法规规定和双方约定的其他事项。

订立包价旅游合同时,旅行社应当向旅游者详细说明前款第二项至第八项所载内容。

第五十九条 旅行社应当在旅游行程开始前向旅游者提供旅游行程单。旅游行程单是包价旅游合同的组成部分。

第六十条 旅行社委托其他旅行社代理销售包价旅游产品并与旅游者订立包价旅游合同的,应当在包价旅游合同中载明委托社和代理社的基本信息。

旅行社依照本法规定将包价旅游合同中的接待业务委托给地接社履行的,应当在包价旅游合同中载明地接社的基本信息。

安排导游为旅游者提供服务的,应当在包价旅游合同中载明导游服务费用。

第六十一条 旅行社应当提示参加团队旅游的旅游者按照规定投保人身意外伤害保险。

第六十二条 订立包价旅游合同时,旅行社应当向旅游者告知下列事项:

(一)旅游者不适合参加旅游活动的情形;

(二)旅游活动中的安全注意事项;

(三)旅行社依法可以减免责任的信息;

(四)旅游者应当注意的旅游目的地相关法律、法规和风俗习惯、宗教禁忌,依照中国法律不宜参加的活动等;

(五)法律、法规规定的其他应当告知的事项。

在包价旅游合同履行中,遇有前款规定事项的,旅行社也应当告知旅游者。

第六十三条 旅行社招徕旅游者组团旅游,因未达到约定人数不能出团的,组团社可以解除合同。但是,境内旅游应当至少提前七日通知旅游者,出境旅游应当至少提前三十日通知旅游者。

因未达到约定人数不能出团的,组团社经征得旅游者书面同意,可以委托其他旅行社履行合同。组团社对旅游者承担责任,受委托的旅行社对组团社承担责任。旅游者不同意的,可以解除合同。

因未达到约定的成团人数解除合同的，组团社应当向旅游者退还已收取的全部费用。

第六十四条 旅游行程开始前，旅游者可以将包价旅游合同中自身的权利义务转让给第三人，旅行社没有正当理由的不得拒绝，因此增加的费用由旅游者和第三人承担。

第六十五条 旅游行程结束前，旅游者解除合同的，组团社应当在扣除必要的费用后，将余款退还旅游者。

第六十六条 旅游者有下列情形之一的，旅行社可以解除合同：

（一）患有传染病等疾病，可能危害其他旅游者健康和安全的；

（二）携带危害公共安全的物品且不同意交有关部门处理的；

（三）从事违法或者违反社会公德的活动的；

（四）从事严重影响其他旅游者权益的活动，且不听劝阻、不能制止的；

（五）法律规定的其他情形。

因前款规定情形解除合同的，组团社应当在扣除必要的费用后，将余款退还旅游者；给旅行社造成损失的，旅游者应当依法承担赔偿责任。

第六十七条 因不可抗力或者旅行社、履行辅助人已尽合理注意义务仍不能避免的事件，影响旅游行程的，按照下列情形处理：

（一）合同不能继续履行的，旅行社和旅游者均可以解除合同。合同不能完全履行的，旅行社经向旅游者作出说明，可以在合理范围内变更合同；旅游者不同意变更的，可以解除合同。

（二）合同解除的，组团社应当在扣除已向地接社或者履行辅助人支付且不可退还的费用后，将余款退还旅游者；合同变更的，因此增加的费用由旅游者承担，减少的费用退还旅游者。

（三）危及旅游者人身、财产安全的，旅行社应当采取相应的安全措施，因此支出的费用，由旅行社与旅游者分担。

（四）造成旅游者滞留的，旅行社应当采取相应的安置措施。因此增加的食宿费用，由旅游者承担；增加的返程费用，由旅行社与旅游者分担。

第六十八条　旅游行程中解除合同的，旅行社应当协助旅游者返回出发地或者旅游者指定的合理地点。由于旅行社或者履行辅助人的原因导致合同解除的，返程费用由旅行社承担。

第六十九条　旅行社应当按照包价旅游合同的约定履行义务，不得擅自变更旅游行程安排。

经旅游者同意，旅行社将包价旅游合同中的接待业务委托给其他具有相应资质的地接社履行的，应当与地接社订立书面委托合同，约定双方的权利和义务，向地接社提供与旅游者订立的包价旅游合同的副本，并向地接社支付不低于接待和服务成本的费用。地接社应当按照包价旅游合同和委托合同提供服务。

第七十条　旅行社不履行包价旅游合同义务或者履行合同义务不符合约定的，应当依法承担继续履行、采取补救措施或者赔偿损失等违约责任；造成旅游者人身损害、财产损失的，应当依法承担赔偿责任。旅行社具备履行条件，经旅游者要求仍拒绝履行合同，造成旅游者人身损害、滞留等严重后果的，旅游者还可以要求旅行社支付旅游费用一倍以上三倍以下的赔偿金。

由于旅游者自身原因导致包价旅游合同不能履行或者不能按照约定履行，或者造成旅游者人身损害、财产损失的，旅行社不承担责任。

在旅游者自行安排活动期间，旅行社未尽到安全提示、救助义务的，应当对旅游者的人身损害、财产损失承担相应责任。

第七十一条　由于地接社、履行辅助人的原因导致违约的，由组团社承担责任；组团社承担责任后可以向地接社、履行辅助人追偿。

由于地接社、履行辅助人的原因造成旅游者人身损害、财产损失的，旅游者可以要求地接社、履行辅助人承担赔偿责任，也可以要求组团社承担赔偿责任；组团社承担责任后可以向地接社、履行辅助人追偿。但是，由于公共交通经营者的原因造成旅游者人身损害、财产损失的，由公共交通经营者依法承担赔偿责任，旅行社应当协助旅游者向公共交通经营者索赔。

第七十二条　旅游者在旅游活动中或者在解决纠纷时，损害旅行社、履行辅助人、旅游从业人员或者其他旅游者的合法权益的，依法承担赔偿责任。

第七十三条　旅行社根据旅游者的具体要求安排旅游行程，与旅游者订立包价旅游合同的，旅游者请求变更旅游行程安排，因此增加的费用由旅游者承担，减少的费用退还旅游者。

第七十四条　旅行社接受旅游者的委托，为其代订交通、住宿、餐饮、游览、娱乐等旅游服务，收取代办费用的，应当亲自处理委托事务。因旅行社的过错给旅游者造成损失的，旅行社应当承担赔偿责任。

旅行社接受旅游者的委托，为其提供旅游行程设计、旅游信息咨询等服务的，应当保证设计合理、可行，信息及时、准确。

第七十五条　住宿经营者应当按照旅游服务合同的约定为团队旅游者提供住宿服务。住宿经营者未能按照旅游服务合同提供服务的，应当为旅游者提供不低于原定标准的住宿服务，因此增加的费用由住宿经营者承担；但由于不可抗力、政府因公共利益需要采取措施造成不能提供服务的，住宿经营者应当协助安排旅游者住宿。

第六章　旅游安全

第七十六条　县级以上人民政府统一负责旅游安全工作。县级以上人民政府有关部门依照法律、法规履行旅游安全监管职责。

第七十七条　国家建立旅游目的地安全风险提示制度。旅游目的地安全风险提示的级别划分和实施程序，由国务院旅游主管部门会同有关部门制定。

县级以上人民政府及其有关部门应当将旅游安全作为突发事件监测和评估的重要内容。

第七十八条　县级以上人民政府应当依法将旅游应急管理纳入政府应急管理体系，制定应急预案，建立旅游突发事件应对机制。

突发事件发生后，当地人民政府及其有关部门和机构应当采取措施开展救援，并协助旅游者返回出发地或者旅游者指定的合理地点。

第七十九条　旅游经营者应当严格执行安全生产管理和消防安全管理的法律、法规和国家标准、行业标准，具备相应的安全生产条件，制定旅游者安全保护制度和应急预案。

旅游经营者应当对直接为旅游者提供服务的从业人员开展经常性应急救助技能培训，对提供的产品和服务进行安全检验、监测和评估，采取必要措施防止危害发生。

旅游经营者组织、接待老年人、未成年人、残疾人等旅游者，应当采取相应的安全保障措施。

第八十条　旅游经营者应当就旅游活动中的下列事项，以明示的方式事先向旅游者作出说明或者警示：

（一）正确使用相关设施、设备的方法；

（二）必要的安全防范和应急措施；

（三）未向旅游者开放的经营、服务场所和设施、设备；

（四）不适宜参加相关活动的群体；

（五）可能危及旅游者人身、财产安全的其他情形。

第八十一条　突发事件或者旅游安全事故发生后，旅游经营者应当立即采取必要的救助和处置措施，依法履行报告义务，并对旅游者作出妥善安排。

第八十二条　旅游者在人身、财产安全遇有危险时，有权请求旅游经营者、当地政府和相关机构进行及时救助。

中国出境旅游者在境外陷于困境时，有权请求我国驻当地机构在其职责范围内给予协助和保护。

旅游者接受相关组织或者机构的救助后,应当支付应由个人承担的费用。

第七章 旅游监督管理

第八十三条 县级以上人民政府旅游主管部门和有关部门依照本法和有关法律、法规的规定,在各自职责范围内对旅游市场实施监督管理。

县级以上人民政府应当组织旅游主管部门、有关主管部门和工商行政管理、产品质量监督、交通等执法部门对相关旅游经营行为实施监督检查。

第八十四条 旅游主管部门履行监督管理职责,不得违反法律、行政法规的规定向监督管理对象收取费用。

旅游主管部门及其工作人员不得参与任何形式的旅游经营活动。

第八十五条 县级以上人民政府旅游主管部门有权对下列事项实施监督检查:

(一)经营旅行社业务以及从事导游、领队服务是否取得经营、执业许可;

(二)旅行社的经营行为;

(三)导游和领队等旅游从业人员的服务行为;

(四)法律、法规规定的其他事项。

旅游主管部门依照前款规定实施监督检查,可以对涉嫌违法的合同、票据、账簿以及其他资料进行查阅、复制。

第八十六条 旅游主管部门和有关部门依法实施监督检查,其监督检查人员不得少于二人,并应当出示合法证件。监督检查人员少于二人或者未出示合法证件的,被检查单位和个人有权拒绝。

监督检查人员对在监督检查中知悉的被检查单位的商业秘密和个人信息应当依法保密。

第八十七条 对依法实施的监督检查,有关单位和个人应当配合,如实说明情况并提供文件、资料,不得拒绝、阻碍和隐瞒。

第八十八条 县级以上人民政府旅游主管部门和有关部门,在履行监督检查职责中或者在处理举报、投诉时，发现违反本法规定行为的，应当依法及时作出处理；对不属于本部门职责范围的事项，应当及时书面通知并移交有关部门查处。

第八十九条　县级以上地方人民政府建立旅游违法行为查处信息的共享机制，对需要跨部门、跨地区联合查处的违法行为，应当进行督办。

旅游主管部门和有关部门应当按照各自职责，及时向社会公布监督检查的情况。

第九十条　依法成立的旅游行业组织依照法律、行政法规和章程的规定，制定行业经营规范和服务标准，对其会员的经营行为和服务质量进行自律管理，组织开展职业道德教育和业务培训，提高从业人员素质。

第八章　旅游纠纷处理

第九十一条　县级以上人民政府应当指定或者设立统一的旅游投诉受理机构。受理机构接到投诉，应当及时进行处理或者移交有关部门处理，并告知投诉者。

第九十二条　旅游者与旅游经营者发生纠纷，可以通过下列途径解决：

（一）双方协商；

（二）向消费者协会、旅游投诉受理机构或者有关调解组织申请调解；

（三）根据与旅游经营者达成的仲裁协议提请仲裁机构仲裁；

（四）向人民法院提起诉讼。

第九十三条　消费者协会、旅游投诉受理机构和有关调解组织在双方自愿的基础上，依法对旅游者与旅游经营者之间的纠纷进行调解。

第九十四条　旅游者与旅游经营者发生纠纷，旅游者一方人数众多并有共同请求的，可以推选代表人参加协商、调解、仲裁、诉讼活动。

第九章　法律责任

第九十五条　违反本法规定，未经许可经营旅行社业务的，由旅游主管部门或者工商行政管理部门责令改正，没收违法所得，并处一万元以上十万元以下罚款；违法所得十万元以上的，并处违法所得一倍以上五倍以下罚款；对有关责任人员，处二千元以上二万元以下罚款。

旅行社违反本法规定，未经许可经营本法第二十九条第一款第二项、第三项业务，或者出租、出借旅行社业务经营许可证，或者以其他方式非法转让旅行社业务经营许可的，除依照前款规定处罚外，并责令停业整顿；情节严重的，吊销旅行社业务经营许可证；对直接负责的主管人员，处二千元以上二万元以下罚款。

第九十六条 旅行社违反本法规定，有下列行为之一的，由旅游主管部门责令改正，没收违法所得，并处五千元以上五万元以下罚款；情节严重的，责令停业整顿或者吊销旅行社业务经营许可证；对直接负责的主管人员和其他直接责任人员，处二千元以上二万元以下罚款：

（一）未按照规定为出境或者入境团队旅游安排领队或者导游全程陪同的；

（二）安排未取得导游证或者领队证的人员提供导游或者领队服务的；

（三）未向临时聘用的导游支付导游服务费用的；

（四）要求导游垫付或者向导游收取费用的。

第九十七条 旅行社违反本法规定，有下列行为之一的，由旅游主管部门或者有关部门责令改正，没收违法所得，并处五千元以上五万元以下罚款；违法所得五万元以上的，并处违法所得一倍以上五倍以下罚款；情节严重的，责令停业整顿或者吊销旅行社业务经营许可证；对直接负责的主管人员和其他直接责任人员，处二千元以上二万元以下罚款：

（一）进行虚假宣传，误导旅游者的；

（二）向不合格的供应商订购产品和服务的；

（三）未按照规定投保旅行社责任保险的。

第九十八条 旅行社违反本法第三十五条规定的，由旅游主管部门责令改正，没收违法所得，责令停业整顿，并处三万元以上三十万元以下罚款；违法所得三十万元以上的，并处违法所得一倍以上五倍以下罚款；情节严重的，吊销旅行社业务经营许可证；对直接负责的主管人员和其他直接责任人员，没收违法所得，处二千元以上二万元以下罚款，并暂扣或者吊销导游证、领队证。

第九十九条 旅行社未履行本法第五十五条规定的报告义务的，由旅游主管部门处五千元以上五万元以下罚款；情节严重的，责令停业整顿或者吊销旅行社业务经营许可证；对直接负责的主管人员和其他直接责任人员，处二千元以上二万元以下罚款，并暂扣或者吊销导游证、领队证。

第一百条 旅行社违反本法规定，有下列行为之一的，由旅游主管部门责令改正，处三万元以上三十万元以下罚款，并责令停业整顿；造成旅游者滞留等严重后果的，吊销旅行社业务经营许可证；对直接负责的主管人员和其他直接责任人员，处二千元以上二万元以下罚款，并暂扣或者吊销导游证、领队证：

（一）在旅游行程中擅自变更旅游行程安排，严重损害旅游者权益的；

（二）拒绝履行合同的；

（三）未征得旅游者书面同意，委托其他旅行社履行包价旅游合同的。

第一百零一条 旅行社违反本法规定，安排旅游者参观或者参与违反我国法律、法规和社会公德的项目或者活动的，由旅游主管部门责令改正，没收违法所得，责令停业整顿，并处二万元以上二十万元以下罚款；情节严重的，吊销旅行社业务经营许可证；对直接负责的主管人员和其他直接责任人员，处二千元以上二万元以下罚款，并暂扣或者吊销导游证、领队证。

第一百零二条 违反本法规定，未取得导游证或者领队证从事导游、领队活动的，由旅游主管部门责令改正，没收违法所得，并处一千元以上一万元以下罚款，予以公告。

导游、领队违反本法规定，私自承揽业务的，由旅游主管部门责令改正，没收违法所得，处一千元以上一万元以下罚款，并暂扣或者吊销导游证、领队证。

导游、领队违反本法规定，向旅游者索取小费的，由旅游主管部门责令退还，处一千元以上一万元以下罚款；情节严重的，并暂扣或者吊销导游证、领队证。

第一百零三条 违反本法规定被吊销导游证、领队证的导游、领队和受到吊销旅行社业务经营许可证处罚的旅行社的有关管理人员，自处罚之日起未逾三年的，不得重新申请导游证、领队证或者从事旅行社业务。

第一百零四条 旅游经营者违反本法规定，给予或者收受贿赂的，由工商行政管理部门依照有关法律、法规的规定处罚；情节严重的，并由旅游主管部门吊销旅行社业务经营许可证。

第一百零五条 景区不符合本法规定的开放条件而接待旅游者的，由景区主管部门责令停业整顿直至符合开放条件，并处二万元以上二十万元以下罚款。

景区在旅游者数量可能达到最大承载量时，未依照本法规定公告或者未向当地人民政府报告，未及时采取疏导、分流等措施，或者超过最大承载量接待旅游者的，由景区主管部门责令改正，情节严重的，责令停业整顿一个月至六个月。

第一百零六条 景区违反本法规定，擅自提高门票或者另行收费项目的价格，或者有其他价格违法行为的，由有关主管部门依照有关法律、法规的规定处罚。

第一百零七条 旅游经营者违反有关安全生产管理和消防安全管理的法律、法规或者国家标准、行业标准的，由有关主管部门依照有关法律、法规的规定处罚。

第一百零八条　对违反本法规定的旅游经营者及其从业人员，旅游主管部门和有关部门应当记入信用档案，向社会公布。

第一百零九条　旅游主管部门和有关部门的工作人员在履行监督管理职责中，滥用职权、玩忽职守、徇私舞弊，尚不构成犯罪的，依法给予处分。

第一百一十条　违反本法规定，构成犯罪的，依法追究刑事责任。

第十章　附则

第一百一十一条　本法下列用语的含义：

（一）旅游经营者，是指旅行社、景区以及为旅游者提供交通、住宿、餐饮、购物、娱乐等服务的经营者。

（二）景区，是指为旅游者提供游览服务、有明确的管理界限的场所或者区域。

（三）包价旅游合同，是指旅行社预先安排行程，提供或者通过履行辅助人提供交通、住宿、餐饮、游览、导游或者领队等两项以上旅游服务，旅游者以总价支付旅游费用的合同。

（四）组团社，是指与旅游者订立包价旅游合同的旅行社。

（五）地接社，是指接受组团社委托，在目的地接待旅游者的旅行社。

（六）履行辅助人，是指与旅行社存在合同关系，协助其履行包价旅游合同义务，实际提供相关服务的法人或者自然人。

第一百一十二条　本法自2013年10月1日起施行。

附录二

全面提高依法兴旅和依法治旅的水平①

《中华人民共和国旅游法》将于今年10月1日开始施行,这是我国旅游业发展历程中的一件大事。刚才,尹中卿同志对《旅游法》作了简要说明,邵琪伟同志围绕旅游部门如何贯彻实施好《旅游法》作了发言,讲得都很好。下面,我讲四点意见。

一、我国旅游业发展取得了举世瞩目的成就

我国旅游业发端于改革开放,兴盛于改革开放。30多年来,我国旅游业走过了不平凡的历程,实现了由单纯的外事接待向综合性行业的重大转变,由新的经济增长点到国民经济支柱产业的重大转变,由旅游资源大国到世界旅游大国的重大转变。

——旅游产业规模不断壮大。目前,全国星级饭店总数达1.4万家,旅行

---

① 国务院副总理汪洋在国务院2013年5月16日贯彻实施《中华人民共和国旅游法》电视电话会议上的讲话。

社达2.5万家,各类旅游景区景点达2万多家,其中,5A级旅游景区153家。旅游服务设施明显改善,服务能力大幅提升,为满足人民群众的旅游需求奠定了坚实基础。

——各类旅游产品日益丰富。过去的旅游业基本上是观光旅游,如今已形成观光旅游、度假旅游和专项旅游多元化发展的新格局。红色旅游、乡村旅游、生态旅游、文化旅游等新型旅游方式蓬勃发展,自驾游、旅游演艺、房车营地、网络旅游等新兴业态层出不穷,满足了人民群众多样化、个性化的消费需求。

——旅游业改革开放不断深化。旅游业是市场化最早和竞争最充分的行业之一,各种所有制旅游企业竞相发展,一批大型旅游集团和旅游知名企业茁壮成长。旅游管理体制和行业管理方式不断创新,市场监管和公共服务得到加强。旅游业对外开放不断扩大。截至2012年底,外商投资的星级饭店共有470家,其中四星级以上299家;外商投资设立旅行社78家。国内旅游企业也开始走出国门,参与国际市场竞争。148个国家和地区成为中国公民出境旅游目的地。

——旅游业对经济社会发展的贡献日益突出。目前,全国旅游直接从业人数超过1350万,带动相关行业就业超过8000万。红红火火的休闲农业和乡村旅游在全国9万个村镇开展,其中农家乐达155万家,2800万农民从中受益。

我们也清醒地看到,我国旅游业发展方式比较粗放,一些地方的旅游业仍停留在"门票经济"阶段,重开发、轻保护,重硬件建设、轻软件服务,存在产品结构不合理、质量和效益偏低、市场秩序混乱等突出矛盾和问题,游客意见较多。对于这些问题,需要我们引起高度重视,认真研究解决。

二、颁布实施《旅游法》具有重要而深远的意义

法治是治国理政的基本方式。《旅游法》的制定，是对我国旅游业30多年发展经验的总结；《旅游法》的颁布，是我国旅游业发展史上的重要里程碑；《旅游法》的实施，是促进旅游业持续健康发展重要的制度基石。

第一，制定《旅游法》是保护旅游者和市场经营者合法权益的迫切需要。这些年，有关部门在整顿和规范旅游市场秩序方面做了大量工作，但是部分旅游企业经营行为不规范、旅游市场秩序混乱的问题仍然比较突出，恶性竞争、零负团费、强迫购物、虚假广告等问题屡禁不止。这些行为不仅侵害了游客的合法权益，而且影响了中国旅游业的形象，制约了旅游业持续健康发展。造成这些问题的一个重要原因是法律法规不健全。《旅游法》运用行政法、经济法和民事法的基本原则和手段，对旅游业发展的重要领域进行规范，对于有效打击违法行为、维护旅游者和经营者的合法权益，具有不可替代的作用。

第二，制定《旅游法》是有效保护和合理利用旅游资源的根本保障。在旅游业快速发展的过程中，一些地方盲目开发、过度开发旅游资源的问题日益突出。热点旅游景区普遍超负荷经营，人满为患；一些景区生态环境受到严重破坏；个别城市或景区在发展旅游业中破坏珍贵的自然遗产和文化遗产，造成的损失不可逆转。《旅游法》全面界定了政府、旅游经营者和旅游者三方的责任，确定了旅游规划的法律效力，对于旅游资源的整体性保护、禁止重复建设和掠夺性开发、促进旅游业持续健康发展意义重大。

第三，制定《旅游法》是促进经济发展方式转变和经济结构调整的有力支撑。旅游业资源消耗低，关联产业多，带动作用大。发展旅游业能够有效扩大内需和提高第三产业在国民经济中的比重。2012年，国内旅游消费2.3万亿元，占社会消费品零售总额的比例突破10%；旅游业对住宿业的贡献率超过90%，对民航和铁路客运业的贡献率超过80%。目前，全国26个省（区、

市）把旅游业定位为支柱产业，其中17个省（区、市）定位为战略性支柱产业。通过立法促进旅游业持续健康发展，对我国扩大内需和优化产业结构，提升经济增长的内生动力，将发挥重要作用。

第四，制定《旅游法》是适应国际交流与合作新形势的客观要求。用法律的手段规范旅游市场，促进旅游业健康发展是国际通行做法。一些国际旅游组织和区域组织都制定了多边旅游公约，旅游业发达的国家和地区也都有《旅游法》或相关法律。作为世界旅游大国，我国居民出境旅游需要熟悉和了解目的地的法律，境外居民入境旅游也须遵守我国法律。国内旅游企业经营活动需要与国际通行做法接轨。《旅游法》的施行，有利于拓展我国旅游业国际交流与合作，促进我国与世界各国的民间往来。

三、贯彻实施《旅游法》需要抓好的几项工作

贯彻实施《旅游法》是一项事关全局和长远的系统性工作，是各级政府、各有关部门和全社会的共同责任。各地各部门要统一思想，认清责任，加强领导，精心部署，自觉把贯彻实施《旅游法》的工作抓实抓好。

一要迅速开展宣传培训。各地各部门有关负责同志要带头学习《旅游法》，并认真组织好本地区、本系统的学习。旅游主管部门要在全行业开展分层次培训，邀请立法部门、专家学者对《旅游法》进行解读，使行业从业人员准确把握《旅游法》的主要内容，牢固树立依法兴旅、依法治旅的观念和意识。依托报纸、电视、广播、网络等媒介，开展丰富多彩的宣传活动，在全社会形成贯彻实施《旅游法》的良好氛围。

二要抓紧完善配套制度。要抓紧进行《旅游法》配套制度的细化、深化和落地，推进相关法规、规章和规范性文件的立改废工作。各级政府要按照《旅游法》的明确要求，建立健全旅游综合协调机制、旅游市场联合执法监管机制、旅游投诉统一受理机制和旅游安全综合管理机制，建立完善旅游公共

服务体系、旅游规划编制和评价体系、旅游产业发展促进体系、旅游安全救助体系，确立旅游安全风险提示制度、高风险旅游保障制度、旅游景区价格和流量管理制度、城乡居民经营旅游业务管理制度、"一日游"管理制度等。

三要切实加大执法力度。治乱必用重典，《旅游法》就是可用的重典。要集中力量，联合执法，严厉打击各种破坏旅游环境、扰乱市场秩序、侵害游客权益的不法行为，做到有法必依、执法必严、违法必究。特别是对非法经营、拒不履行合同、擅自改变行程、指定购物场所、诱骗和强迫消费等违法行为，要从严惩处。依法吊销、停业整顿一批违法经营者，处罚结果向社会曝光，起到保护消费者、震慑违法者的作用。同时，要规范旅游执法行为，加大对执法行为的监督力度，提高旅游监督管理的制度化、法制化和规范化水平。

四要努力完善公共服务。《旅游法》对政府公共服务提出了许多明确的要求。比如，根据需要建立旅游公共信息和咨询平台，无偿向旅游者提供交通、气象、安全、医疗急救等必要信息和咨询服务；在交通枢纽、商业中心和游客集中场所设置旅游咨询中心，设置旅游指示标识；根据实际情况建立旅游客运专线和客运中转站；遇到突发情况时，提供及时、必要、有效的救助服务；等等。这些都是旅游地政府应尽的法律责任，必须不折不扣地落实到位。

四、以贯彻实施《旅游法》为契机，推动我国旅游业持续健康发展

我国人均国内生产总值已超过6000美元，居民旅游意愿显著增强，旅游业正处于黄金发展期，发展前景极其广阔。我们要以贯彻实施《旅游法》为契机，深化旅游业改革开放，加快转变旅游发展方式，依法兴旅、依法治旅，努力把旅游业培育成国民经济的战略性支柱产业和人民群众更加满意的现代服务业。这里，我着重强调几点：

（一）促进旅游消费稳定增长，为扩大内需提供有力支撑。目前，要优先满足城乡居民度假休闲的基本需求，加快开发一批海洋旅游、文化旅游、森林旅游、运动健身旅游等大众化度假休闲产品,建设一批适合老年人、青少年和家庭出游的度假休闲产品。积极发展专项旅游,培育一批游客容量大、社会效益好的红色旅游、乡村旅游、生态旅游、自驾车旅游等旅游消费新热点。着力提升观光旅游水平,重点发展都市观光、乡村观光,建设一批具有竞争力的精品景区。要深入贯彻《国民旅游休闲纲要》,认真落实带薪休假制度,制定鼓励居民旅游休闲消费的政策措施。深入实施国家旅游形象推广战略。地方政府要深入挖掘和培育地方文化特色,完善道路、景区停车场、游客服务中心等旅游休闲基础设施,加快旅游小城镇建设,提升旅游目的地发展水平。

(二)转变旅游业发展方式,提高旅游业发展的质量和水平。我国旅游业的总体规模已经不小,关键是优化结构、提高效益、节约资源、保护环境,要走质量型、效益型的旅游发展之路。要进一步推进旅游业与其他相关产业的融合发展,增强旅游业的综合带动能力。以旅游信息化建设为基础,强化科技支撑,提高旅游消费、生产、经营、管理的效率。强化旅游资源保护,合理利用旅游资源,维护资源的区域整体性、文化代表性和地域特殊性。落实节能减排责任,大力提倡和开展生态旅游、低碳旅游。支持大型旅游企业集团化、品牌化发展,加快"走出去"步伐,拓展境外市场,提升旅游企业的整体实力。支持中小旅游企业特色化、专业化发展,充分发挥其在自主创业、吸纳就业等方面的优势。

(三)深化旅游业改革开放,构建有利于旅游业发展的体制机制。改革开放是促进旅游业发展的不竭动力。要坚持市场配置旅游资源的基本方向,放宽市场准入,减少行政审批,鼓励各类市场主体投资旅游业。支持地方政府推进旅游业综合改革和专项改革,理顺旅游业发展的体制机制,形成支持旅游业发展的合力。支持旅游行业组织发展,促进行业自律和转型升级。坚持"引进来"与"走出去"相结合,进一步探索对外开放的新方式、新领域。加强和改善国际旅游合作,提高出入境旅游的便利化水平。认真落实和完善惠及港澳和对台旅游政策，全面深化两岸四地旅游交流和产业合作。

（四）加强旅游市场监管，不断提高游客的满意度。游客满意不满意，是评价旅游业发展质量的重要指标。维护旅游市场秩序，是旅游部门和各相关部门的重要职责。要进一步规范旅游行业价格管理，遏制部分景区门票涨价过快的趋势。加强导游从业管理，规范和监督导游执业行为，强化旅行社责任，保护导游人员的合法权益。继续开展提升旅游服务质量专项行动，完善旅游服务质量测评指标体系。加强旅游安全管理，特别是旅游交通安全管理，严防群死群伤事故。建立旅游违法行为查处信息共享机制，对需要跨部门、跨地区联合查处的违法行为进行督办。全面推动旅游诚信体系建设，建立旅游经营服务者诚信信息发布等制度，提高旅游企业和旅游从业人员的诚信水平。

（五）倡导健康文明的旅游方式，提高游客的文明水平。我国旅游消费已进入大众化的发展阶段，越来越多居民出国旅游，受到世界各国的普遍欢迎。同时也要看到，部分游客的素质和修养还不高，公共场合大声喧哗、旅游景区乱刻字、过马路时闯红灯、随地吐痰等不文明行为，常常遭到媒体的非议，有损国人形象，影响比较恶劣。提高公民的文明素质，树立中国游客的良好形象，是各级政府、各有关部门和有关企业的共同责任。《旅游法》对旅游者的文明行为提出了明确要求，对不文明行为作出了禁止规定。有关方面要在宣传、贯彻、实施《旅游法》的过程中齐抓共管、综合施策，引导旅游者自觉遵守社会公共秩序和社会公德，尊重当地宗教信仰和风俗习惯，注意公众场合特别是涉外场合的言谈举止，爱护旅游资源，保护生态环境，做一名中华文明的传播者和中国形象的展示者。

同志们，贯彻实施好《旅游法》，责任重大，使命光荣。让我们在以习近平同志为总书记的党中央领导下，高举中国特色社会主义伟大旗帜，以邓小平理论、"三个代表"重要思想和科学发展观为指导，求真务实，开拓创新，努力使我国由旅游大国迈向旅游强国，为全面建成小康社会作出更大贡献！

参考文献

（1）本书编写组.《中华人民共和国旅游法》解读.北京：中国旅游出版社 2013年版.

（2）国务院法制办.中华人民共和国旅游法.北京：中国法制出版社2013年版.

（3）法律出版社法规中心.《中华人民共和国旅游法》注释本.北京：法律出版社2013年版.

（4）全国人大常委会法制工作委员会.《中华人民共和国旅游法》释义.北京：法律出版社2013年版.

（5）《最新旅游法适用问答读本》编写组.旅游法适用问答读本.北京：法律出版社2013年版.

（6）中国旅游网.

（7）长春旅游网.

（8）南方网新闻中心.

（9）人民网.

（10）中国旅游报.